沟通陷阱

李劲 —— 著

苏州新闻出版集团

古吴轩出版社

图书在版编目（CIP）数据

沟通陷阱 / 李劲著. -- 苏州 ：古吴轩出版社，
2021. 3（2023. 9重印）
　　ISBN 978-7-5546-1649-9

　　Ⅰ．①沟… Ⅱ．①李… Ⅲ．①心理交往－通俗读物
Ⅳ．①C912. 11-49

中国版本图书馆CIP数据核字（2020）第226460号

责任编辑：蒋丽华
见习编辑：张雨蕊
策　　划：马剑涛　徐红有
装帧设计：尧丽设计

书　　名：**沟通陷阱**
著　　者：李　劲
出版发行：苏州新闻出版集团
　　　　　　古吴轩出版社
　　　　　地址：苏州市八达街118号苏州新闻大厦30F
　　　　　电话：0512-65233679　　邮编：215123
出 版 人：王乐飞
印　　刷：衡水翔利印刷有限公司
开　　本：880mm×1230mm　　1/32
印　　张：6
版　　次：2021年3月第1版
印　　次：2023年9月第2次印刷
书　　号：ISBN 978-7-5546-1649-9
定　　价：42.00元

如有印装质量问题，请与印刷厂联系。13381013229

PREFACE

前言

　　沟通存在于我们日常生活与工作中的方方面面，但并不是每一次的沟通都是成功的、顺利的。一次良好的沟通能够让人从日常琐事、急躁烦闷中脱离出来，进入一种放松愉悦的状态，并产生喜悦之情；能够进行思想的碰撞、心灵的升华，而不是虚度时光、白费精力。

　　在沟通活动中，我们应该通过有效的沟通去说服他人、打动他人。

　　请你想一想，你与他人上一次谈论的令自己印象深刻、感受颇深的话题是什么？当你与他人发生分歧时，你会怎么解决冲突？在与人交流时，你是否经常话不过脑，事后却纠结懊悔不已？

　　相信大多数人都想要与他人建立良好的人际关系，进行有深度、有价值的沟通，只是苦于没有方法，不知道该如何找话题，如何掌控谈话，如何避免陷入沟通陷阱。如果你也有类似的困惑，那么本书就可以解开你的疑惑。不论是说话说不到重点、说不清楚，还是说了后悔，本书都会帮助你掌握沟通这项技能，帮你走出不善沟通的困境。

本书的内容层层递进。先介绍了规避沟通陷阱的几点基本原则，以及沟通者需要纠正的认知偏差和需要具备的逻辑思考方式。然后从捕捉沟通信息获得认同感、挖掘有价值的话题打破尴尬的局面、紧抓沟通主题、用提问推进谈话、消除隔阂化解冲突、减少沟通阻力等方面介绍了进行沟通的几大技巧，帮助读者不再陷入沟通陷阱，可以真正享受沟通的乐趣。

本书内容平实，以贴近我们现实生活的案例作为解说的例子，具有很好的参考价值与借鉴作用。如果你想要开启一段有价值、有内涵、有意义的谈话，想要让沟通更顺利，那就翻开本书，学习这些沟通技巧吧！相信本书会带你跨越沟通中的重重陷阱，帮助你精准有效地开展对话，纠正对沟通的错误认识，由浅入深地拓展话题，使你受益匪浅。

第一章

规避沟通陷阱，别让沟通变成折磨

信息网络的快速发展为我们带来了更广阔的交际圈。不论是面对面，还是在社交媒体上，我们接触的人越来越多，获取的信息越来越丰富，谈及的话题也越来越广，但是沟通的效果越来越不尽如人意，可能一场谈话下来毫无收获。这主要是因为一些糟糕的沟通习惯会成为沟通的陷阱，让沟通变成一种折磨。只有规避沟通陷阱，才能让沟通变得顺利，让谈话变得有价值。

有效沟通，开启通往心灵的大门

> 有效沟通，指的是在平等、相互尊重的基础上进行的一种信息传达清晰的双向沟通。

我们都知道，沟通并不是一方说、另一方听的行为，而是一个互动的过程，沟通中的每个人都既是讲话者，又是接收者。讲话者通过某些信息或渠道将自己想要表达的内容传达出来；接收者在接收到这些内容后会反馈信息，利用某些信息或渠道传达自己的想法或感受。

当然，讲话者未必仅仅通过语言传达信息，也可以通过态度、表情、衣着、动作等非语言信息进行传达。

沟通的模式如下图所示：

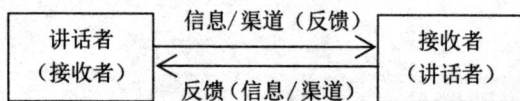

图1-1 沟通的模式

由此可见，沟通的双方之间是相互依赖的。当然，要实现有效沟通，并不是一件十分轻松的事情。那么，我们为什么还需要学习如何避免陷入沟通的陷阱，进行有效沟通呢？主要原因有以下三点：

1. 浅层沟通会让人感到更空虚

相信很多人都有这样的体会：在一天的活动结束之后，自己一个人躺在床上，看着天花板，回想自己的一天，却觉得什么都没做，感到异常空虚、孤独。虽然自己在白天时跟很多人说过话，但是不记得说了什么，因为这些话根本无关紧要，而那些令自己感到心烦、困惑的重要问题却找不到人来讨论。

浅层沟通就像浮光掠影，无法给你留下深刻的印象，也不会触动你的内心，就像一部平淡无奇的影片，不仅无法激起你内心的涟漪，反而还可能让你因为虚度了时光而感到更加无趣；而有效的、有深度的沟通会让你获得直达心灵的触动，就像一部寓意深刻的影片，令你久久不能忘怀。

2. 有效沟通帮助我们了解自己

很多人在与不熟悉的人交谈时，都会对自己的讲话内容有所约束，更不会畅快地表达自己的想法与感受。而在很多时候，我们对自己的了解并没有我们想象中的那么多。比如，你可能觉得自己不够外向，不受人欢迎，但通过与朋友们有效沟通，你可能会获得新的认知：虽然我不够外向，但是我足够贴心，朋友们都很喜欢我。

通过坦露自己与表达自己，通过他人的反馈，我们会更加了解自己，离自己更近，也可以更好地接纳自己。

从另一个角度来说，有效沟通可以帮助我们更好地了解对方，增进双方的感情，建立稳固而深厚的人际关系。

3. 有效沟通会带来精神上的愉悦

一场高质量的沟通可以让人从日常琐事、急躁烦闷中脱离出来，进入一种放松愉悦的状态，并产生喜悦之情。

进行一场高质量的沟通，远比滔滔不绝的浅层沟通更有营养、更有意义。在有效的沟通中，你会更好地发现自我。

敲 黑 板 划 重 点

► 有效沟通是一个互动的过程。

► 有效沟通会给人带来愉悦感。

为什么态度这么认真，结果还是不尽如人意

> 态度认真未必就能进行有效沟通。有效沟通关注的
> 是沟通的质量与深度，好的态度只是达成有效沟通的一个
> 必要条件，而非充分条件。

很多人都喜欢说，90%的沟通问题都是态度问题。于是，有人就以积极良好的态度与对方交谈，结果却还是不尽如人意，谈话的内容依然浮于表面，虽然说了一大堆，但是有用的信息没多少。

一般来说，沟通的时间越长，谈论的话题越多，双方对彼此的了解也会增多，但这并不意味着沟通的深度就一定会加深。

这就像在做一道数学题。有的人虽然态度很好，用了很长的时间仔细地分析、计算，但是很可能计算出来的答案是错误的；而掌握了解题技巧的人，虽然用时短，但往往会得出正确的答案。因此，我们不能简单地将有效沟通与长时间沟通画上等号。

除此之外，对于以下几点沟通中的陷阱，我们也需要有所了解，从而规避。

1. 话说得越多，越擅长沟通

人们常说，量变会引起质变，在一些事情上也的确如此。但是在沟通中，话说得越多，越不着边际，反而越引起对方的反感，这便是不擅长沟通的表现。

相信很多人在童年时代都曾经听过父母的唠叨、老师的反复叮嘱，他们出于好心的表达却总是得不到相应的回馈，还会因此而被自己的孩子、学生讨厌，这种说话说得多的情况难道也算擅长沟通吗？恰恰相反，正是因为他们不擅长沟通，不知道怎样才能把话说到对方心里去，才反复用唠叨、叮嘱来表达自己的感受。

在会议上，领导围绕两点内容展开谈话，刚开始，谈话还有些价值，但是到了后边，就开始一句话百样说，滔滔不绝。领导依然讲得慷慨激昂，但是员工早就没有了听下去的意愿。这样的沟通难道算得上是有效沟通吗？当然不算。

这一点其实很容易理解。打个比方，有一个人考试考了6门，门门功课都是50分，还有一个人只考了一门，得了100分，如果让你来选，你会觉得谁学习好呢？答案不言而喻。同理，不要觉得话说得越多，就代表越擅长沟通。其实，有效沟通的核心关注点是"质"，即谈话的质量、深度，而非话说得多与少。

2. 冲突就意味着问题

很多人都觉得冲突就意味着问题，在沟通中发生冲突时，这场谈话就开始走下坡路，必然会走向失败。于是，为了不让冲突愈演愈烈，很多理性的人便会主动终止谈话，让这场谈话无疾而终。

其实，由于我们每个人的成长经历、家庭背景都有区别，因而每个人都会形成自己的价值观、人生观等，在一些观点上面有冲突也是很正常的。发生冲突时，如果我们可以对其进行有效的管理，即便开展冲突对话，也同样有助于进行深入的沟通，构建良好的人际关系。

所以，不必畏惧冲突，试着在冲突中继续开展对话，将你的观点表达出来，吸收对方的想法，对话同样会走向成功。

3. 即使我不说，你也应该明白

大多数人都已经意识到了这一现象：我们对越亲密的人，态度越不好。因为关系越亲密，我们对他们的要求也越高，觉得对方为我们做什么都是理所当然的。

正是因为怀着这样的想法，很多情侣都期待对方可以读懂自己的内心想法，了解自己的需求，而当对方无法做到时，一场争吵便不可避免。其实，正是这样的错误观点给沟通带来了障碍。

要知道，对方并不是我们肚子里的蛔虫，不可能时时刻刻都知道我们的想法，就像你无法看透对方的想法一样。因此，我们不应该苛求对方，更不应该有"即使我不说，你也应该明白"的想法，别让你们的沟通止步于无意义的争吵。

4. 沟通能力是天生的，无法改变

很多人都觉得沟通能力是天生的，自己天生内向，所以沟

通能力也比较差，而天生外向的人就有很强的沟通能力。其实，性格不仅会受到先天遗传的影响，在后天的环境的影响下也会发生变化。所以，不要再用"天生内向"作为自己的借口，因为沟通能力是可以通过后天的训练逐渐提升的。

敲黑板划重点

▶ 仅仅具备良好的态度，未必能进行成功的有效沟通。

▶ 有效的沟通重在"质"，而非"量"。

▶ 有效管理冲突，同样能达到深度沟通的目的。

沟通有要求，别让没原则拉低了沟通层次

> 沟通的原则，就好比做事的准则，会指导你说有用的话，提高沟通的效率。

一场没有对他人产生影响的沟通是无意义、无价值的。沟通并不是简单的我说你听，或者你说我听，而是要遵循一定的原则。在这些沟通原则的指导下，交谈会朝着更高效、更有深度的方向发展。

沟通时要遵循以下几点原则：

1. 沟通要有目的性

沟通虽然未必能达成某种协议，达成某个目标，但是每一次的沟通都是带有目的性的：可能是为了学习，通过与他人的交谈获得知识；可能是为了交往，与他人建立良好的人际关系；也可能是为了玩乐，享受当前的体验；还可能是为了说服对方，让对方接受自己的观点、服从自己的决策等。

因此，在与人沟通时，请你想一想沟通的目的，不要漫无

边际地东一榔头、西一棒子地表达观点。

2. 沟通要有选择性

在沟通过程中，其实你一直都在做选择，选择自己的沟通对象、讲话方式、表达内容等。

针对不同的沟通对象，我们要选择相应的话题与交流方式。比如，对于内向、好面子的人，我们在讲话时就要委婉一点，以免不经意间伤了对方的自尊心；对于某些专业性比较强的话题，我们就应该多与专业人员讨论，如果你与对专业内容完全无知的人交流，那么只会浪费你的时间。

深层次的沟通关键在于沟通的质量，而精准高效也是沟通质量高的一个判断标准。所以，有选择地进行沟通有利于促成高质量的沟通。

3. 沟通要具有间断性

所谓沟通的间断性，指的是将连续的沟通过程分成一个个的小片段，将其中的一些片段定为原因，其余的片段定为结果。

沟通是一个连续的过程，并没有清晰的开头与结尾，沟通的间断性也是我们根据沟通的原因和结果人为划分的。

当沟通陷入瓶颈时，将沟通的进程进行间断性的划分，有助于我们找到问题症结，从而便于解决问题，使沟通继续正常进行。

4．沟通应降低噪声干扰

沟通中的噪声，指的是妨碍信息接收的干扰，并非仅仅指物理上影响人们工作、学习、休息的声音。沟通中的噪声主要包括四种：

（1）物理噪声

即影响沟通当事人信息传输的外部声音，比如汽车的引擎声、建筑工地的施工声、电风扇的声音等。

（2）生理噪声

即由沟通当事人自身的生理问题而产生的阻碍，比如听力、视力障碍，发音不准，记忆缺失等。

（3）心理噪声

即对沟通当事人产生的精神上的干扰，比如固执的想法、对对方的偏见、注意力不集中等。尤其当其中一方对另一方怀有抵触、轻视等心理时，就很容易产生心理噪声，沟通便很难进行下去。

（4）语义噪声

即沟通当事人对沟通内容有不同的理解而导致沟通不畅，比如语言不通，使用术语或方言，使用模糊的说法，等等。

语言学家们认为，所有沟通中都或多或少存在着某种模糊性。比如"马上""很快""稍等""立刻"等词语，我们无法确定其代表的具体时间。再比如，"他是个大嘴巴"这句话，不同的人可能就有不同的理解，可能会理解为"他的嘴巴长得比较大"，也可能会理解为"他不会保密，总是说漏嘴"。

　　我们无法完全消除噪声，但是可以减弱噪声对谈话的影响。比如，选择合适的交谈场所，提升非语言信息的传递与接收能力，增强自己的心理能力训练，尽量准确地表达自己的观点等，从而提高发出信息和接收信息的准确性，尽可能地减少噪声干扰，让双方的交流可以顺利进行下去。

敲 黑 板 划 重 点

▶ 遵循沟通原则，可以让沟通在深度层面上再跨进一步。

▶ 沟通也要注重宁缺毋滥。

▶ 降低沟通噪声，才能让谈话更有质量。

掌握深层次沟通力，赢得核心竞争机会

> 深层次沟通力，是帮助对方了解自己，增进双方感情的黏合剂，也是获得对方的信任与好感，展现自己沟通水平的一种能力。

一提起沟通，相信很多人都不陌生，因为几乎每个人每天都会进行无数次的沟通，可能是与同事、家人当面交谈，也可能是与朋友通过网络交流。但是在很多时候，这些沟通交流都停留在表层，没有太多的心灵碰撞，也产生不了什么价值。

从事业拓展的角度来说，我们每个人都应该拓展自己的交际圈，去跟更多的人交流，但这种交流不应局限在加个微信好友、留个号码，而是真正进行深度的交流。在信息技术飞速发展的今天，我们想要认识更多的人、拓展社交广度并不难，但是这种人与人之间的疏离、怀有戒心，使深层次的沟通逐渐变得奢侈。

周先生将自己的时间排得满满的。他每周都会和同事们一起去聚餐，和老朋友们一起去爬山。平时，他还要与

客户保持联系，出席客户举办的宴会，等等。

在别人看来，周先生在社交中是十分活跃的，在与人沟通方面也是很积极的，这些一定给他带来了不小的好处。

但实际上，这些社交活动并没有给周先生带来什么帮助，他的薪水只比最初上涨了 30%，工作和生活并没有太大的改善。

显而易见，周先生与别人的交流都停留在表层，即使他看起来很忙，参加社交活动很频繁，但大多数的交流都没有深入内心，也就是我们常说的"点赞之交""点头之交"，因而每一次的社交与沟通并没有太大的价值。

越来越多的证据表明，一个人的成功与否，一次沟通结果的优劣，并不取决于沟通中的人是多还是少，说的话是多还是少，而取决于人们是否进行了深层次的沟通。在深层次的沟通中，人们往往能获得更优质的内容，思想层次也会逐渐提升。因此，人们应该注重自己的深层次沟通能力。

不论是与客户沟通，还是与同事、朋友交流，我们都不应浮于表面，只有将谈论的话题深入下去，使双方的心都受到触动，谈话才能给人留下深刻的印象，显示出它的价值。

敲 黑 板 划 重 点

▶ 深层次沟通会帮你赢得他人的好感与信任。

▶ 进行深层次沟通是一个人有思想的外在表现。

▶ 当代社会的核心竞争力之一就是深度沟通能力。

有效提升沟通能力的非凡技能

> 沟通能力，指的是对沟通机制的认知以及有效运用沟通的能力。掌握多种沟通技能并熟练运用，可以有效地提升沟通能力。

沟通就像写作，你积累的词汇越多，掌握的表达方式越丰富，写出来的内容就越精彩。但与写作不同的是，沟通更侧重于即时回应，是一个互动与交流的过程。在沟通过程中，将信息表达出来并没有结束，还要时时刻刻关注对方的反馈情况，以便做相应的调整，让沟通更顺畅，更好地达成协议。

同样地，当对方表达完一些基本信息后，你也需要给予一些回应，为引导接下来的谈话做参考。而你的这些行为都可以看成是掌握沟通技能的表现。

要提升你的沟通能力其实并不难，只要你掌握以下技能，在沟通中就可以找准话题，逐渐与对方进行深入的交谈，并能够适时地赢得对方的心，从而掌控谈话节奏，让交谈精准有效。

1. 批判性思维能力

沟通中十分重要的一个技能便是具备批判性思维能力，能够基于充分的理性和客观，考虑当前所面临的沟通情境，并做出恰当的选择。

批判性思维，即富有逻辑的思考，是一种合理、公正、清晰的思考。缺乏批判性思维，人们则无法进行有效的思考，也就无法进行深入的沟通。

要培养批判性思维能力，应注意两点：

（1）不断接受新事物

当听到与自己的理念不一致的观点时，不要急着否定，而应该持开放性的态度，重新思考自己的想法是否合时宜，对方的观点是否有可取之处，等等。

（2）不要过于依赖第一印象

在人际交往中，人们都会受到首因效应的影响，过于依赖第一印象。而第一印象往往并非对方的真面目，很可能是对方的伪装或者其中的一部分，随着交往的深入，人们会逐渐发现对方与给自己的第一印象有很大差别。所以，只有做好改变第一印象的准备，在沟通中你才能更好地了解对方，让沟通不再被固有的第一印象限制。

2. 倾听能力

倾听能力对我们的生活和工作都十分重要。当被问到"你希望自己的伴侣是怎样的人"时，女性几乎都会回答"一个善于倾听的人"，大多数男性也会如此回答。

每个人都会听，但未必都具备倾听能力。有效的倾听可以开启对方的谈话兴趣，让话题越来越深入，而无效的倾听只能引起对方的反感，使话题被终结。

在倾听他人讲话的过程中，以下几点值得注意：

（1）关注点要恰当

关注对方讲话的内容，注重对方想要传达的中心思想，避免走神或关注那些与谈话主题无关的次要信息，以免给人留下不好的印象。

（2）不要心怀偏见

《智子疑邻》的故事我们都耳熟能详，《傲慢与偏见》中的女主角因为心怀偏见而多次误会男主角……当你心怀偏见去倾听时，你的想法会不自然地受到偏见的影响，让你误会对方想要传达出来的信息。所以，在倾听时，请尽量保持客观，不要让内心的偏见影响了你的判断。

（3）不要过早下结论

我们很多人都常犯一个错误：往往在对方还没说完时，我们就自以为是地给对方下了一个结论，认为自己知道对方要讲的是什么。其实，即使你知道对方要讲什么，也要先听对方把话说完，这样才算一个合格的倾听者。

3. 提问技能

提问是促进沟通的一个有效手段，可以说，会问比会说更重要。恰当的提问可以使交流的话题层层递进，可以探知对方真正的想法，从而有效地提高沟通效果。(关于提问的具体技巧，我们将在本书的第七章进行详细说明。)

4. 文化敏感性

沟通也要考虑文化差异，在不同的文化背景下，沟通的方式要有所不同。比如，西方人很少问"你要去做什么"，因为他们认为这涉及个人隐私，而中国人则经常会问此类问题。

其实，除了中西差异外，中国的南北文化也存在差异，从小的方面来说，比如豆腐脑是甜的还是咸的。

如果你不顾这些文化差异，想要说服对方接受你的观点，那么谈话很可能就会陷入僵局。只有具备了文化敏感性，尊重对方的习惯，你们才能在求同存异中继续展开有效的谈话，避免谈话陷入尴尬的境地。

敲 黑 板 划 重 点

▶ 不被第一印象所困，你才能更好地运用批判性思维。

▶ 不要让偏见影响了你的倾听。

▶ 除了想和听，提问在促进沟通方面同样很重要。

第二章

纠正认知偏差，思维决定沟通的深度

　　思维就像一根链条，越长的链条代表了越深刻的思维。一场有效的沟通不仅需要谈话双方进行深入的交流，更需要谈话双方有深度思维，以免出现认知偏差。如果双方或者其中一方的思维停留在表层，那么这场谈话就很难顺利地进行下去。

系统思维：助你轻松掌控沟通全局

系统思维，指的是对事情进行全面思考，不是就事论事，而是对事情的整体进行系统的研究，比如会得到什么结果，会出现什么样的问题，如何实现这个结果，如何优化过程，等等。

系统思维的核心在于框架，无论是生活中的一件寻常小事，还是工作中的重要决策，用搭建框架的方式来进行系统的思考与表达，便于构筑全局观，以免顾此失彼。

在沟通中注重运用系统思维，既可以帮助人们接收、了解更全面的信息，从而有效掌控全局，又可以关照到大多数人，不会让一些人产生自己没有存在感、不被重视的想法，从而有助于构建良好的人际关系。

在系统思维中，最重要的并不是对话中谈论的某个问题，而是话题的整体结构。以数学应用题为例，系统思维注重整体的解题思路与框架，而不是某个条件，题目的结构框架明晰了，解题会更迅速。在沟通交流中，在头脑中构建出这种框架，也有助于你想得更明白，说得更清楚。

我们都有这样的体验：只看事物的一部分，很难判断这个事物到底是什么，即使是很熟悉的东西也很难确定；但当看到事物的整体后，我们瞬间就会说出答案。其实，系统思维就是注重整体，而不是某个节点。如果你想要拥有系统思维，为你的沟通助力，可以试着做到以下几点：

1. 吸收他人的意见

在进行体育锻炼时，前面的人因为动作不当而受伤，后面的人就会试着规避这些错误动作，成功的概率会更高。在沟通中也是如此，几乎每个人都有展现自我的意愿，倾向于在沟通中表达自己的想法。而具备系统思维的人，不会仅仅注重自己的语言输出，他们更注重吸取他人观点中有价值的部分，从而逐渐丰富、深化自己的某些想法，让自己的想法更成熟、更完备。

因此，在沟通中不要局限于自己的想法，多吸收他人的意见，获取更多有用的信息，你会更好地读懂他人的思想，你们的谈话也会迸发出更多的火花。

2. 围绕沟通目标去交谈

每一次沟通都是有目标的，可能是为了加深对彼此的了解，可能是为了达成某种共识，可能是为了缓解尴尬，也可能是为了消除误会。不管你的沟通目标是什么，你都应围绕自己的沟通目标去交谈。

通常来说，你定的沟通目标越具体、越明确，谈话就会越有深度、越精准。如果说你的沟通目标是靶心，那么系统思维会围绕这个靶心在其周围形成圆环，而这些圆环处会标上你在此次谈话中应该考虑的问题、可以延伸的方向等，从而帮助你掌控谈话全局。

3. 整合反馈，完成语言输出

当你表达完自己的观点后，可以看看其他人的反馈情况，以便自己根据实际情况弥补失误或者将没有说清楚的事情说明白，让自己的表达更清楚，也更容易被人接受。

在沟通时拥有一个整体的思路，你的观点才会明确，说话自然就有了底气，而系统思维正是帮助你提供思路、明确观点的一种思维。

敲 黑 板 划 重 点

▶ 系统思维注重的是全局观，从整体着眼。

▶ 形成系统思维的关键是搭建框架。

▶ 系统思维是动态的，不是静态不变的。

逻辑思维：提前预判趋势，提升谈话流畅度

> 逻辑思维，指的是人们在认识的过程中，通过判断、推理等思维形式来反映客观事实的理性认识过程。

在下象棋时，大多数人都会提前预测自己接下来要走的1~2步，也会预测对手的棋招。此时人们运用的便是逻辑思维。逻辑思维一直是职场社交中重要的软技能之一。在沟通中，我们可以让这种逻辑思维为我们服务，帮助我们预判谈话的趋势，从而提升谈话的流畅度。

在开启一场谈话前，我们可以先围绕谈话目的进行预测，想一想对方会提出什么样的问题，自己应该如何应对。

比如，在面试前，你可以设想面试官会提出哪些问题，如自己的工作经历、离职原因、期望薪酬以及自己对未来工作的规划与期许等，并针对这些内容提前想好怎么回答，以便在面试时可以流畅应答。

再如，在洽谈业务时，客户的态度十分勉强，但又什么都不说，那么你就可以运用逻辑思维，设想客户可能存在的疑虑，

如产品质量不符合预期、价格太高、吸引力不够、定位不明确等。这样即使客户不明说，你也可以继续与其沟通，打消客户的疑虑。

那么，应该如何培养逻辑思维，使沟通更顺畅呢？主要有以下方法：

1. 提出核心问题

大多数谈话都有一个核心观点，这个核心观点就可以成为你思维的起点。比如，领导倡导加班，那么员工要找领导谈话的核心问题就是"加班"；朋友失恋，找你安慰，那么谈话的核心问题就是"失恋"；客户不满员工的服务，那么谈话的核心问题就是"服务质量"。找准核心问题，就相当于确定了谈话的论题，为谈话定了调性。

2. 列出关键事项

在确定了谈话的论题后，就要围绕这个论题来论证。一般在列出关键事项时可以考虑这几个元素：时间、地点、人物、事件、原因、进展过程、进展程度等。当然，并不是每次谈话都需要将这些元素囊括进去，选取其中最主要的、最能说服人的内容，才有助于谈话效果。

比如，针对加班问题，如果领导询问你的看法，你可以先在脑中运用逻辑思维列出任务重、怨言多、人心浮动、公司效益难以增长等关键事项，然后再回应领导。你说得条理清晰，有足够的说服力，领导听得也清楚明白。

　　在沟通中运用逻辑思维，从本质上来说就是进行推论。而这种推论不像数学中"如果A＞B，B＞C，那么A＞C肯定成立"的绝对推论。沟通中的推论大多是一种概率推论，既有可能是这样的，也有可能不是这样的。因此，在沟通过程中运用逻辑思维时，也要保持灵活变化，根据对方的态度与反应随时调整自己的沟通策略。

　　在分析了具体的事项后，谈话往往需要得出一个确切的结论。一般来说，结论往往需要先摆出来，在说了一系列的理由之后，再强调一遍，以便对方不会忘记你们的谈话主题，使这次的交谈达到深入沟通交流的目的。

敲 黑 板 划 重 点

▶ 运用逻辑思维预测局面，可以让自己做好交谈的准备。

▶ 找出关键事项，更容易说服人。

▶ 沟通中的逻辑思维所运用的大多是一种概率推论。

可视化思维：看得清才能说得精准

> 可视化思维，指的是将原本不可视的思维方法与思考路径呈现出来，对信息进行加工，使信息更便于传递。

人体70%的接收器都集中在眼睛，因此，人们更容易接收视觉上的信息，而且，图片比文字更容易被人们接收、记住。在一项研究中，被试者被要求阅读一些药品标签，药品标签分为纯文字标签和图文标签。当药品的标签说明中配备图片时，95%的被试者都能够更好地理解这些复杂的医疗信息。这说明，可视化思维在帮助人们理解复杂的信息方面很有帮助。

在沟通中，可视化思维同样能起到关键的作用。请你想一想，你是否有过这种经历：对方向你抱怨一通，说了很多的事情，你想要给出建议，帮助对方，但就是说不出口，不知道该怎么说。

相信很多人都曾经有过这样的体会：思维变得混乱，大脑里面杂乱无章，或者一片空白，从而导致沟通效率低下，沟通效果不尽如人意。

其实，当大量的信息充斥在脑海中时，就像一团解不开的乱麻，而可视化思维可以帮助我们找到这团乱麻的节点，将这些看似乱七八糟的东西进行整理，从而抽丝剥茧，厘清思路与头绪。在沟通中具备可视化思维，我们就可以在大量庞杂的信息中找到问题的关键点，从而进行精准有效的沟通。

可视化思维可以帮助我们整合信息，更有助于我们理解、记忆，使沟通更有效。在沟通过程中，在脑中创建出图表、表格，将对方所说的信息储存到相应的图片模式中，你就会快速掌握对方要表达的要点，从而可以有针对性地回答，不至于哑口无言。

可视化思维工具的数量可以说是无穷无尽的，每个人都可以开拓自己的可视化思维工具，比如利用思维导图、鱼骨图、组织结构图、时间轴、流程图、矩阵图、甘特图等。在日常生活中注重用这些图片来处理问题，你的可视化思维会逐渐得到提升，在沟通中也会逐渐掌握要点，说出精准有效的话，让沟通更有效率。

敲黑板划重点

- ▶ 人们对于接收视觉信息具有天生的敏感度。
- ▶ 可视化思维工具可以整合庞杂的信息。
- ▶ 创建适合自己的可视化思维工具，沟通会更高效。

换位思维：沟通要感动自己，更要感动他人

> 换位思维，指的是站在对方的视角，思考、感受对方的内心所想，并以此为基础，展开自己的推论与行动。

我只是想要一根香蕉，你却给了我一车苹果；你以为你感动了全世界，后来才发现你只是感动了你自己。这就是不具备换位思维的结果。

不具备换位思维，即使你付出得再多，自我感觉再好，别人也不买账，反而还会觉得你没事找事。在生活和工作中，这种"狗咬吕洞宾，不识好人心"的例子比比皆是。

比如，家长不懂得站在孩子的角度去思考，强硬地拒绝孩子的某些要求，结果孩子哭闹，家长心烦；员工不懂得站在客户的角度去思考，把时间和精力用错了地方，写出来的文案既空洞又无趣，结果费力不讨好；朋友不理解对方工作的价值，出于"好心"地提醒对方的工作没有意义，结果使得双方一拍两散。

自己的努力方向不符合他人的真正需求，好心好意也只会被当成驴肝肺。在沟通中不具备换位思维，不注重他人的需求，

很可能导致沟通不畅，出现鸡同鸭讲的情况；而具备换位思维，你就像走进了对方的心房，了解对方的所思所想，说出来的话更能够触及对方的内心，感动对方。

我们常常习惯以自我为中心，如果想要培养换位思维的能力，就必须克服这种思维习惯，暂时忘掉自己，给自己设定一个切换键，切换到别人的视角上，观察、感受别人的想法。

换位思维反映了思维视角积累的多样性和选择的灵活性。要提升自己的换位思维能力，以便让沟通更顺畅，你可以试试以下方法：

1. 把自己变成对方

在沟通过程中，将自己变成对方，站在对方的角度去思考，想一想：如果我是他，在这个情境中，我会怎么样？希望得到些什么？这样可以逐渐弱化以自我为中心的思维，帮助你说出对对方有用的话，说到对方的心里去。

由于每个人的成长经历、思维模式都有区别，面对同一件事的反应也因此有所不同。所以，即使你发现对方的所想与你的并不相同，你们的沟通仍然存在一些障碍，这也是很正常的。

2. 调出曾经的经历体验

两个人有相同的经历、体验，有助于形成共同的认知，双方也能更好地进行交谈。即使双方的价值观、世界观等都不同，只要在所谈论的话题上有着共同的感受，这种共情心理就会拉近双方的关系，让沟通更进一步。

所以，当你与对方交谈时，不妨调出自己曾经的经历与体验，体会对方此时的感受。比如，作为老师的你，面对有的学生考试成绩差的情况，可以想一想自己曾经考试失利的感受；作为一名有经验的老员工，看到新员工无法很好地融入公司时，你也可以想一想自己当初的彷徨与不安。运用换位思维，感受对方的心情、想法，你说出来的话才能直达对方的内心，让沟通有内容，让双方都有话可说。

3. 从合适的人那里获取参考答案

如果你不能很好地切换模式，与对方也没有类似的经历，那么你可以找合适的人帮助自己，直接获取参考答案。比如，在设计产品方案时，先去征询客户的意见，获取回馈；在与孩子沟通时，可以询问孩子的玩伴的想法，从而得出有价值的建议。

思考的结果常常取决于看待问题的视角，而换位思维的核心是从别人的视角出发来看待问题。在沟通中运用换位思维，目的是让沟通更顺利，让双方的交谈更深入，而不是一个语重心长地说，另一个漫不经心地听。只有双方都心有所感，才算得上是一次成功的沟通。

敲黑板划重点

▶ 进入别人的视角，去想"如果我是他，我会怎么想"。

▶ 建立共同认知，感受别人的想法。

▶ 直接找参考答案，省去烦琐的过程。

流程化思维：优化环节是高效沟通的关键

> 流程化思维，指的是思考时从整体到局部，按照流程的顺序，将相关的活动步骤与内容进行梳理，然后不断进行优化。

一场高效的谈话关键在于对沟通过程中各个环节的优化与掌控。如果你在沟通中缺乏条理，很难把事情说清楚；如果你在谈话中经常思维跳跃，听得人一头雾水；如果你在表达时常常注重某个点，而忽略了整个环节，让人产生跑题之感……那么，你就需要学习并掌控流程化思维。

非流程化的思维是零散而混乱的，就像不进行排队的人群，看起来杂乱无章；而流程化思维好比将这些人按照一定的次序排列，列成一排排整齐的队伍，看起来井然有序。

流程化思维可以将很多碎片化的信息进行系统性的整理，从而帮助人们厘清思维层次，进行更全面、更细致的思考。在沟通之前，先梳理流程，可以保证整个环节的顺利进行。这就像春晚彩排，各个节目都依次完成排演，才能确保整场晚会各环节的衔接顺利。

那么，在沟通中，如何让流程化思维为你服务呢？你可以这样做：

1. 梳理沟通流程

我们都知道，嘉宾参加访谈节目前都会梳理一遍流程，甚至核对好问题，以免出现自己无法掌控的情况。在沟通中也应如此。在开始沟通前，我们可以先梳理一遍流程，将沟通的各个环节在脑海里大致过一遍，以免自己因为某些意外情况而失控。

沟通的常见流程主要有六步，如下图所示：

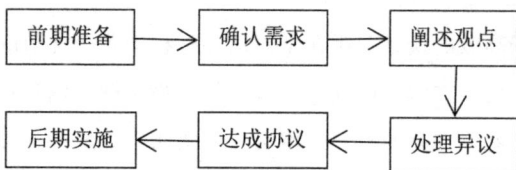

```
┌──────┐    ┌──────┐    ┌──────┐
│前期准备│ → │确认需求│ → │阐述观点│
└──────┘    └──────┘    └──────┘
                              │
                              ↓
┌──────┐    ┌──────┐    ┌──────┐
│后期实施│ ← │达成协议│ ← │处理异议│
└──────┘    └──────┘    └──────┘
```

图2-1　沟通的常见流程

（1）前期准备

前期准备主要包括两方面的内容：一是了解所要谈论的话题，搜寻相关的资料，提出自己的想法等；二是了解沟通对象，比如对方的谈话习惯、对问题的看法、对人对事的态度等。

（2）确认需求

确认对方的需求是谈话的基础，只有了解对方的需求，你才能按需供应，把话说到点子上。

一般来说，在沟通开始前，如果双方都互有了解，那么确认对方的需求就不是问题。

（3）阐述观点

阐述观点是为了把你的观点更好地传达给对方，而让对方听明白你的意思则是首要目标。因此，在思考这个环节时，你首先应该让自己把话说清楚、说明白，然后再考虑如何说才能更有说服力，更能令对方信服。

（4）处理异议

在沟通中，对方有异议是很正常的，而你想要说服对方，仍旧使用自己阐述观点的那一套显然行不通。在这个环节中，你要考虑对方的疑问是什么，自己应该如何解释才能消除对方的异议，从而为此做好准备。

（5）达成协议

在这个流程中，双方的交流进入了尾声，此时，你并非已经圆满完成了任务，因此更不可大意。在这个环节中，除了谈论话题相关的内容，你还应该表示感谢，表达一下自己对此次沟通的正面感受等。

另外，你最好做好无法协商一致的准备，并为此准备一套说辞。要知道，即使没达成协议，也不能丢了风度。

（6）后期实施

这一环节可以看作对沟通进程的补充，遵照你们所达成的协议去做事，你会给人留下诚信的印象。如果在实际的实施过程中，你总是违背协议，就会让人失去对你的信任，使下一次的沟通变得很困难。

在沟通前，提前梳理这些流程，有助于你形成全局观，并针对各个环节中可能出现的问题做好应答。

2. 找到关键点优化流程

我们常常说成功属于有准备的人。从理想状态上来说，我们准备得越充分，沟通越能朝着我们心中的期望发展。但矛盾的是，要准备得十分充分，我们就需要耗费大量的时间和精力，制订出十分详细的计划。这样一来，虽然沟通的结果达到了自己的预期，但是效率不高。

因此，我们不必事无巨细，给自己施加太大的压力，而只要把握住某些关键环节，优化这些环节，细化这些流程，从而做好高效沟通的准备。

一般来说，在沟通的这六个步骤中，确认需求、阐述观点和处理异议是流程化思维所要重点考虑的环节。在运用流程化思维时，你可以重点梳理这三个环节，通过优化这些沟通环节来达到高效沟通的目的。

敲黑板划重点

▶ 流程化思维可以使沟通更具条理性。

▶ 重点梳理关键流程，才能达到最高效率。

第三章

三思而后语，逻辑表达助你摆脱困境

沟通的基本表现形式就是表达，即把话说清楚、说明白。而真正有效的沟通不仅要求讲话者把话说清楚，还要求倾听者把话听明白。因此，有逻辑地表达就显得尤为重要。

而有逻辑地思考才能有逻辑地表达，只有先厘清了表达思路，在表达时才能有条理，让别人听得进去。

在说出口之前，你真的准备好了吗

沟通的效果不仅会受到话题的影响，也会受到其他外在因素的影响。只有消除这些外在因素的负面影响，沟通的效果才会更好。

你在与人交流的时候真的做好准备了吗？在话说出口之前，你是否真的想好了呢？你是不是觉得自己经常表达不清楚，但又不知道该如何改善呢？其实，如果改善的方向正确，那么改善其中 20% 的问题，就能让交流效果改善 80%，这就是"80/20 法则"，也叫"帕累托法则"。

帕累托法则，是由约瑟夫·朱兰根据维尔弗雷多·帕累托本人对"意大利 20% 的人口拥有 80% 的财产"的观察而推论出来的。它是博弈论中的重要概念，而且在工程学、经济学和社会科学中都有着广泛的应用。

例如，总销售额的 80% 是由 20% 的销售员完成的，利润中的 80% 来自 20% 的客户；蚂蚁中只有 20% 的工蚁会工作，其他的 80% 基本不劳动；80% 的软件用户只用到了 20% 的软件功能；

等等。

其实，在人际交流中这个法则也同样适用。对于你在沟通中会出现的问题，确定其中最主要的 20% 的问题，然后集中精力解决好这些问题，就能改善其中 80% 的交流内容，使沟通效果得到提升。

并不是只有交流的话题才会影响沟通成效，身体和心理上的紧张感、交流用语的不恰当等都会影响人们的思考方式与表达方式。比如有些人在紧张时大脑一片空白，什么都想不出来、说不出来。所以，在交流正式开始前，请你做好以下准备：

1. 身体放松

并不是每个人在沟通中都能做到游刃有余，大多数人在表达自己的观点前都不会很自信，会十分紧张。这种紧张既可能化为动力，促使人们反复考量自己的观点是否正确、是否值得一说，也可能变成影响人们发挥的绊脚石。就像运动员在比赛前的紧张，一方面，他们可能会表现得更加出色，另一方面，他们可能会因为过度紧张而出现肌肉痉挛等情况。

所以，为了避免出现意料之外的糟糕情况，我们应该试着放松。即使心脏仍然在加速跳动，身体也应该放松下来，从而缓解与人交流时的那种紧张感。比如，可以试着跳一跳，活动一下肩膀、胳膊；也可以进行多次深呼吸，大口吸气，屏住呼吸，再慢慢吐气。

总之，不要将关注点放在如何避免紧张上，而应该着重于通过具体行动缓解紧张感，并将心思放到当前的事情上。

2. 音量适中

相信很多人都经历过这样的场景：某个人在发言时声若蚊蝇，别人不得不耗费精力，用力倾听，不得不反复确认那个人所讲的内容，结果交流的效率大打折扣。

这个场景中的"某个人"可能是你，也可能是其他人。如果你在与人交流时经常压低自己的声音，这会使交流的效果受到影响。相信你也很想改善这种状况。最简单的方法便是进行发声练习。你可以对着镜子练习保持适中的音量说话。

3. 用语浅显易懂

沟通的目的是让对方得知你的想法，明确你的意图，因此，让对方理解你的表达内容至关重要。不论是日常交流，还是商务沟通，我们都应尽量使用浅显易懂的词句，让对方能轻松理解。

当然，这个度也需要因人而异。比如，学生和教授交流本专业学习中的问题时，就可以使用本专业的专用术语，因为对于教授来说，这些专业术语也是很通俗易懂的；而当这个学生与其他专业的学生交谈时，就应该避免过多使用专业术语，尽量用浅显的方式表述。所以，在与对方进行交谈之前，了解一下对方的基本信息是很有必要的。

4. 确认一遍你要说的内容

在开口发言之前，再确认一遍你要说的内容也是很有必要的。当然，如果你的发言内容比较多，那么你没必要将发言稿从头顺到尾，可以通过三个要点来进行确认：

（1）我最想表达的内容是什么？

（2）我的发言目的是什么？

（3）别人是否会对这些内容感兴趣？

都说"台上一分钟，台下十年功"，与人沟通也是如此，准备工作往往决定了沟通的成败。只有做好充分的准备，你在真正的交流中才能表现得更好。

敲 黑 板 划 重 点

▶ 身体上的过度紧张很可能会造成大脑的思维堵塞。

▶ 适中的音量会让交流更顺畅。

▶ 使用别人能听懂的词汇。

厘清表达思路的四个思考步骤

> 思路畅通，表达才能畅通。在沟通前有步骤地进行思考，可以帮助人们更快地厘清表达思路。

相信很多人都有这样的体会：会议开了很久，虽然有很多人发言，但是被大多数人记住的往往是第一个和最后一个发言人所说的内容，至于其他人说了什么，大多数人脑中都只有一个模糊的印象；在背诵英语单词时，往往是第一个单词和最后一个单词记得最熟，能张口就说出来。这其实就是首因效应和近因效应作用的体现。

在沟通过程中，我们也会受到这两种效应的影响，善于运用这两种效应，就能使我们的表达被更好地接受，给他人留下更深刻的印象。

一场谈话的内容要能够被人记住，然后双方才能继续交谈。如果在你滔滔不绝地说完自己的观点之后，对方早已将你的观点抛诸脑后，那么互动沟通也就无从谈起了，硬聊反而会让人觉得尴尬异常。因此，在沟通时要厘清表达顺序，最好是按照能被人记住的最优步骤进行思考、表达。

要厘清你的表达思路，我们可以参考写议论文的方式，即按照下面这四个步骤来进行：

1. 说观点

我们在沟通中基本都会有一个主题，这个主题就可以看成是议论文的题目。为了让他人能明确我们的想法，在沟通的最初阶段，要说出我们的观点，即议论文中的论点，也就是要"开篇点题"。

在说观点时，我们要将自己核心的思考与见解用简洁的语句表达出来，切忌长篇大论。因为此时的首要目的是让他人明白我们的立场，而不是一开始就说服他人接受我们的观点。

在表达你的观点时，你可以借用以下句式：

◎我认为这件事的关键是××。

◎对于这件事，我持支持／反对意见。

◎这两种情况都可能出现，但是我认为我们更应该关注××情况。

◎对于这两种方案，我更赞同××。

2. 给理由

在表达完自己的基本观点后，为了增加说服力，就要给出相应的理由、依据，也就是写议论文时的论证。如果你的观点只是凭空猜测的，没有理由和依据，就很难被人接受、令人信服，那么你的发言很可能被喊"卡"。

一般来说，可以作为依据的事物有以下几种：

◎学术性的书籍、论文

◎通过学习获取的某方面的知识

◎数据、数值、统计等客观资料、客观事实

◎周围的环境和政策方针等

◎某人的经验

◎他人的见解或建议

当然，这些事物是否能够作为依据还需要看具体的情境。如果在学术交流等探讨专业知识的场合，那么他人的经验或者建议等就毫无说服力，自然也就不能被当作依据。如果你在这样的场合说"我有这样的想法，是因为有过类似的经验"，恐怕你的专业程度会受到质疑。

因此，在与人交流前，我们要先在头脑中厘清依据，将那些伪依据排除在外，为佐证自己的观点做充足的准备。

3. 举例子

我们都知道在写议论文时运用举例论证，可以让论证更具体、更有说服力。在沟通中用举例子的方式来表达同样会有这种效果。当你的观点与依据都准备充分后，就可以考虑用具体的例子来增强你的说服力。

而且，在很多时候，观点和依据对大多数人来说都是"空谈"，而具体的例子却是实实在在的。在沟通过程中举个例子，就好像把悬在天空上的观点拉了下来，人们会容易产生认同感，也更容易与你进行深入的交流。

比如，一位女士想要买一款护肤品，但是不知道要买什么样的。如果销售员只是介绍某品牌的护肤品很好，在网站上的销量、评价也都不错，这位女士可能还会有些许迟疑，或者不相信；而当销售员说自己或自己的朋友也在用这款护肤品，用完之后觉得很补水、滋润，那么这位女士就很可能选用这款护肤品了。

4．确认结论

在表明观点、提出依据、举了例子之后，千万不要忘记再确认一遍你的结论。

即使你的整个表达过程都没有出现跑题的现象，对方听得很认真，也并不意味着对方能一直记住你的观点。所以，最后再描述一遍你的观点是十分有必要的，就像"结尾扣题"一样，可以进一步加深对方的印象。

而且，通过确认结论，你也能根据对方的表现、回应等，确认是否把自己的想法准确地传达给了对方。如果对方再有异议，你们也可以进行更深层次的讨论。

当然，在实际的沟通过程中，有时我们并不能严格地按照这个顺序来表达自己的观点。比如，当对方先表达，而我们的观点和对方的不一致，如果我们在刚开始说话时就摆出与对方截然相反的观点，就会让对方觉得自己被否定了，从而对我们产生抵触情绪，不愿意继续倾听我们接下来的说明。对于这种情况，我们最好先列出一些能令对方信服的依据或例子，然后再提出自己的观点。

总之，这四个思考步骤是为了帮助我们厘清沟通思路，让我们在表达自己时可以有一个大体的框架和方向。至于在沟通过程中要如何说、按照什么顺序来说，还要依照具体的情境而定。

敲 黑 板 划 重 点

▶ 厘清表达思路有四个基本步骤：说观点→给理由→举例子→确认结论。

▶ 找到支撑观点的依据或例子，你的表达会更令人信服。

▶ 只有结合具体的情境，恰当地表达自己的观点，别人才愿意继续与你交流。

构筑逻辑金字塔，让语言表达更有条理

> 　　沟通是要把你想说的表达清楚，能让对方听得明白。如果逻辑不通，条理不清，你说得费劲，对方听得也费劲，深入交流自然也就无从谈起了。

　　沟通主要是表达与倾听的过程，如果表达不清，无法让对方明白，那么沟通的效果就会大打折扣。即使你脑中想得再好，但无法将其清晰地表达出来，那么这场沟通也依然会是低效的，甚至是失败的。

　　举个例子，一个员工在向领导汇报最近的市场变化时，这样对领导说：

　　"老板，我最近留意原材料的价格，发现我们所使用的很多原材料价格都有所上涨；我们现在合作的物流公司也打电话说要提价，我比较了其他几家物流公司，发现大多都有提价的行为；最近跟我们产品相似的竞争品牌的产品，价格也在上涨；还有……所以，我觉得我们的产品也需要提价。"

如果你是老板，在听了这一番汇报之后会做何感想呢？其实不难看出，这位员工脑中的思维虽然是清晰的，但是他在表达方面存在困难，无法逻辑清晰地表达，所以很可能会让领导听得一头雾水，不知所云。

其实，这位员工只要稍微变换一下表达方式，就能让领导听得清楚明白。

"老板，经过我对市场的分析，我觉得，我们的产品应该提价。原因有三：第一，原材料价格都有所上涨；第二，物流成本也逐渐提高；第三，竞争品牌的产品都有提价；第四，……所以，我觉得我们也应该跟进，提高产品价格。"

改变一下表达的方式，是不是觉得听得既清楚又明白呢？这种表达方式就是运用了金字塔原理，通过构筑金字塔的表达模型，从而提高了表达的逻辑性。

金字塔表达模型的一般形式如下：

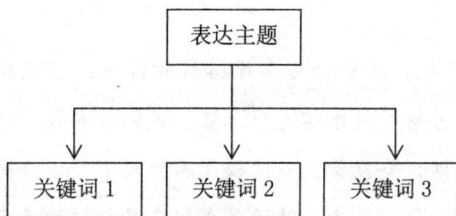

图 3-1 金字塔表达模型

　　在金字塔的顶端，一般要放置我们最想表达的信息，可以是我们的看法、结论、疑问等；在顶端的下方，是得出这些看法、结论或疑问的关键词，上述汇报案例中的关键词即分别为"原材料价格上涨""物流成本提高"与"竞争产品提价"等。

　　当然，如果有必要进行详细的说明，那么也可以在关键词下方再设置几个副关键词，以便人们能清楚地表达自己的观点。另外，在设置关键词和副关键词时，最好也考虑一下逻辑顺序，以便在表达时可以更有条理。

　　在沟通中构筑逻辑金字塔，可以帮助人们更快速、高效地梳理思想，找准表达关键词，明确表达顺序。为了让语言表达更顺畅，让对方能信服，在构筑逻辑金字塔时还应该注意以下两点：

1. 避免遗漏和重复

　　构筑逻辑金字塔，关键是要找准关键词（包括副关键词）。在找关键词时，一定要确认是否有遗漏或重复。

　　如果出现遗漏，可能会导致你的发言不严谨、不全面，也可能会被对方找出漏洞，从而影响你们接下来的沟通；如果出现重复，就会给人一种逻辑混乱、条理不清的感觉，从而影响听者的接收效果，使进一步的沟通互动受到影响。

　　要注意，内容交叉也属于重复的一种情况。比如，"竞争产品提价"与"××品牌（竞争品牌之一）产品提价"，在表达中属于重复的情况。

　　总之，在罗列完关键词之后，需要检查一下是否存在遗漏、重复等情况。

2. 避免跳跃式的表达方式

在表达时进行一些恰当的延伸可以让沟通的主题更深入，让双方的理解更透彻。但要注意，在表达时思维不要过于跳跃，尽量按照拟定好的逻辑顺序去表达，以免别人觉得跟不上你的谈话节奏，无法跟你聊到一起去。

在构筑逻辑金字塔时，还应客观，尽量避免先入为主和自以为是的思想。在日常生活中经常运用逻辑思维进行思考，对事情进行深入分析，积累相应的经验，也有助于你构筑逻辑金字塔，帮助你更清楚地表达观点，为深入沟通提供便利的条件。

敲黑板划重点

▶ 脑中想得清楚，口中也要说得清楚。

▶ 构筑逻辑金字塔的关键词要避免遗漏和重复。

▶ 思维可以跳跃，表达不可以跳跃。

不钻牛角尖，摆脱"大脑休克"的困境

> "大脑休克"是思考过度的预警，让大脑休息下，不再过度消耗它，不钻牛角尖，你就很容易走出这种思考困境。

你有没有翻遍屋子也没有找到某件东西，而当你已经放弃时，却在不经意间就找到了的经历？其实，思考的过程也是如此，并非全都是顺顺利利的，偶尔也会陷入瓶颈。

日本东京外国语大学综合国际学研究所的冈田昭人教授认为，人们在自主思考、表达以及反省的过程中，随着时间的推移与心情的变化，思维也是在不断变化着的，主要表现为"W曲线"的形式。

在最初阶段，人们对一件事情充满期待，心情不错，因而思维容易发散，也会享受思考的过程，全身心地陶醉其中。在这个状态持续一段时间后，随着思考时间的推移，由于一些想法的出现，比如想不出来更好的办法，觉得自己比其他人差，认为自己的努力没有意义，等等，人们的情绪便会逐渐变得低落、消极，思维就很容易变得迟钝、闭塞，出现"大脑休克"
的假象。

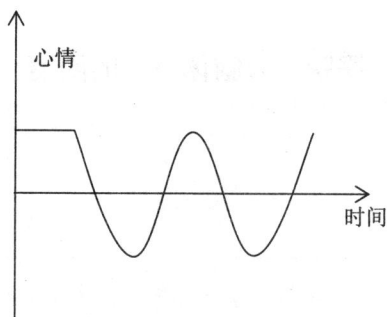

图 3-2　思维的"W 曲线"

在情绪积极的时候，人们更容易看到事物积极的一面，也
乐于与人沟通，乐于接纳别人的意见；而当情绪消极时，人们
的思想也容易陷入极端，不愿再听别人的建议。此时的沟通便
是低效甚至无效的。

在思考的过程中，每个人都会经历"大脑休克"，甚至会经
历多次。要摆脱"大脑休克"，可以尝试以下办法：

1. 咨询他人

沟通本来就是互相交流、互相成长的过程，当你对某些
问题感到困惑时，不妨试着咨询他人。他人的意见或许并不能
解决你的困惑，但一个小小的点拨很可能在你的心中激起一圈
圈涟漪，为你提供一个正确的思考方向，让你不再走上思考的
歧途。

2. 换个心情再思考

在考试时，当你遇到了一个不知如何解答的问题时，你是继续在这道题上磨下去，还是先做下面的题呢？如果你集中全部的精力攻克这一道题，很可能浪费了做其他题的时间，而这种被困住的感觉也会让你的情绪受到影响；而如果你先做其他题，转而再回来思考这道题，很可能会茅塞顿开，找到解题思路。

同理，当你怎么也想不通某个沟通主题时，不妨先将自己的注意力放到别的事情上，或者放松一下，做做运动、散散步，或者看看书、听听新闻。当你从事自己感兴趣的活动时，心情轻松，大脑也会非常活跃，此时再思考之前困住你的问题，也许你就能突破这种思维困境。

3. 从头开始思考

当你被某个问题困住时，如果你一直在这道题上磨，只会把自己的精力、耐心和兴趣都磨光。所以，当你无法摆脱这种困境时，不妨跳出当前的位置，从头开始思考。因为也许你现在选择的这条思考之路是一条错误的道路，并且已经走到尽头了，所以你无法再往前进一步。

清空大脑的缓存，轻装上阵，回过头来，重新思考这个问题，试着走上另一条思考之路，也许就会一路畅通。

采用这些方法可以帮助你摆脱当前的困境，但也可能使你陷入其他的困境之中。其实，"大脑休克"的根源主要在于人们的固执、钻牛角尖。只要你不骄不躁，在陷入思考的泥沼时可以及时脱身，换一个视角或思路去看待问题，就能顺利地解决问题。

敲 黑 板 划 重 点

▶ 思考的效果与时间和心情状态相关。

▶ 每个思考过程都可能出现一次或多次"大脑休克"的现象。

▶ 当出现"大脑休克"时，咨询他人，换个心情或者从头思考，都能帮助你以新的视角看待问题。

改变思考框架，让表达方式更积极

> 与人沟通，有时候就像照镜子。你对着镜子笑，说积极的话，镜中人也会给你积极的回馈。用积极的语言去表达你的感受，传达你的信息，对方会更乐于回应你。

你是一个积极的人还是一个消极的人呢？当你看到擦肩而过的人对着你微笑时，你想到的是"对方对我有好感"还是"对方在嘲笑我"呢？

对于同一件事情，每个人都有自己的理解，这种理解是主观的，与每个人的成长背景、学习经历息息相关。但如果你总是产生消极的想法，不仅自己的心情会受到影响，在与人交流时也很可能会说出令人不开心、丧气的话，因而很容易被别人排斥。

心情会影响我们的思维发散，如果我们的情绪很消极，思想就可能罢工，那么表达也会受到影响；而如果我们的心情很好，态度很积极，那么思维就能超常发挥，表达方式也会更灵活，更能令人接受。因此，当你的思考被消极的情绪袭击时，请你试着改变消极的思考框架，用积极的表达方式向对方传递信息。要做到这一点，要遵从两个方面的原则：第一，改变对某个事物或某种状况的主观认识与理解；第二，不要让思维太过偏执。

具体来说，那些常见的消极想法及改变对策如下：

1. 为什么我要做这件事?

相信很多人都有这样的体会：在说话、做事不顺时，我们往往会怀疑、否定自己，产生"为什么我要跟他谈这件事""为什么我要做这件事"的疑惑。在这样的疑惑中，我们的思维会变得消极，语言的构建也会受到负面影响。

其实，只要稍微变换一下思考框架，就能将这种消极的想法转变为积极的想法。当你再有这种想法时，不妨让自己思考"我应该如何说才能让他听明白""我如何做才能推进这件事，使事情顺利进行"。将你的怀疑、否定转变为可以落到实处的具体对策，你自然就知道自己应该怎么说、如何做了。

2. 为什么都针对我?

沟通是一个互相探讨的过程，在交流的过程中难免会出现意见不统一的情况，也可能会引发一些矛盾冲突。对大多数人来说，这并没有什么，但是过于敏感的人很可能因此变得消极，产生"受害者心态"，觉得大家都在针对自己。他们会想：为什么大家都指责我说得不对? 为什么没有人理解我? 于是，他们的思维会变得狭隘，觉得自己被针对、被孤立，自然也就不愿意再与人深入交流了。

当你在不经意间产生了这样的想法后，不要将自己置于"受害者"的位置，不要急着对号入座，请你先站在对方的立场上想一想：如果我是他的话，我会怎样考虑，我的表达是否真的充满敌意？改变语言的方向性，你的内心也会变得积极起来。

3. 为什么没有人帮助我呢？

学生在学习时如果遇到了问题，应该主动找同学或老师寻求帮助，因为老师无法去问每个学生有哪里需要帮助，哪个知识点没懂，哪道题没听明白。

所以，当你陷入思考的困境时，不要总是想着"为什么没有人帮助我呢"，而应该想一想"我应该向谁寻求帮助呢""在这件事情上，谁可以更好地帮助我解决问题"。

要知道，人们并不都是以你为中心的，也无法时时刻刻得知你的想法、困惑。与其封闭自己，漫无目的地等待别人来伸出援手，不如你先伸出求助之手。向别人寻求帮助，请他们指点迷津，你头上的那朵阴云就会在沟通的过程中逐渐散去。随着沟通的深入，你就会发现自己的选择多么明智。

4. 到什么时候，我才能达成这个结果呢？

"同龄人都月入过万，买车买房了，我什么时候才能做到呢？""同一个部门的同事总能得到老板的赏识，我什么时候才能受到重用呢？""别人提的方案总是一次就通过，我提的却屡屡碰壁，这种生活什么时候才是尽头呢？"……

这种唯结果论的思想会消磨人们的信心，让人们只关注结果，不注重过程，忽略自己的成长与当前所取得的成就。而且，这种抱怨对于改变现实毫无用处，还容易给别人留下不好的印象，影响沟通的质量。当你成为唯结果论的一员时，请你将目光着眼于当前，着眼于现在，想一想：现阶段，我达到了什么水平，取得了哪些进步与成就？

即使是语言表达上的细微差异，也会让内心发生某些变化。所以，请你仔细地构建自己的语言模式，将你的想法用积极的方式传达出来，这样，你得到的也将是积极的反馈。

敲黑板划重点

▶ 主观认知未必正确，不要执着于自己的主观想法。

▶ 消极的语言会让思维变得狭隘。

▶ 改变你的思考框架，积极的表达方式会让你收到积极的反馈。

第四章

捕捉信息，有效沟通始于获得认同感

　　信息的表达方式并不是单一的，通常来说，语言信息和非语言信息的表达是相辅相成的。

　　在沟通过程中，综合地运用语言信息与非语言信息，你会更加了解对方的想法，说出更容易触动对方内心的话。善于运用语言信息与非语言信息，能让你更快速地赢得他人的认同，更好地开启话题，让沟通更有效，从而避免陷入无效沟通的陷阱之中。

印象形成，正确的认知才能促进沟通

> 印象形成，指的是我们在形成对他人的印象时所经历的过程。在这个过程中，我们可能会受到一些心理因素的影响。

我们在形成对他人的印象时很难做到公平公正，会受到各种心理因素的影响，而如果我们被这些阻碍了认知，就很可能对他人形成不良的印象，进而影响我们接下来的沟通。因此，提高印象形成的准确性，扫除这些沟通中的阻碍，就显得十分重要。

具体来说，影响印象形成的阻碍主要有以下几点：

1. 自我实现预言

所谓自我实现预言，指的是直接或间接导致预言实现的一种预测。即你认为某个预言是真的，并努力实现这个预言，预言便会成真。

关于自我实现预言，有这样一个著名的实验：

1968 年，美国著名心理学家罗森塔尔和雅各布森做过这样一个实验：他们给学生做测试，并告诉老师其中一些学生的智商非常高，这些学生在今后的发展会更好。但实际上，这些所谓的"高智商学生"不过是他们随机挑选出来的。但是实验结果却令人震惊：那些被认为具有高智商的学生，在接下来的表现确实越来越好，成绩也突飞猛进。

这些被贴上了"高智商"标签的学生，将老师对他们的期待变成了现实，证实了预言。其实，在与他人的交往中，我们也大多会受到这种自我实现预言理论的影响。

你有没有觉得某个朋友对他人很友好，于是当你跟他相处时，看到对方的表现，这一想法便得到了加强，你们的相处更融洽？在与某些不善言谈的人相处时，你是不是觉得对方不喜欢你，于是便在交流的过程中不断寻找这种证据，以证实自己的感觉？

如果你总是对他人产生消极、负面的印象，那么肯定会影响你在沟通中对待他人的态度与方式，也会让他人对你产生抵触情绪、敌意心理，影响你们进行深一步的沟通。所以，不要让这种自我实现预言影响了你的行为，少一点"我就知道会是这样"的判断，多一点对对方当前表现的认同，你才能同样获得积极的反馈，使沟通更顺利。

2. 首因效应

我们都知道第一印象的重要性，也有很多书告诉我们要运用好首因效应，注重给别人留下良好的第一印象。

其实，在沟通中，我们除了注重给别人留下良好的第一印象外，还应该注意不要让首因效应影响了自己对他人的判断，避免先入为主。比如，当对方因为紧张而说错了一些话，我们不应主观地认为对方的专业能力很差；当对方表现得很诚恳，说话很得体时，我们也不应认定对方是一个诚实善良的人，因为这很可能是他的伪装。

所以，不要轻易凭借第一印象去判断他人，在与他人沟通的过程中，要尽量保持客观，让自己对他人有一个尽量正确、全面的认知，从而为开启进一步的沟通做好准备。

3. 刻板印象

刻板印象主要指的是对某个事物或某个群体形成的一种概括的固定的看法，并将群体中的特性加诸个体身上。比如，当你知道某个人的职业是推销人员时，就会产生对方是有目的地接触自己的想法；当你知道某个人是权威专家时，便会觉得对方的一言一行都具有大家风范。而当你不了解对方的一些基本信息时，便很难看出他们的这些特征。

将群体的特征套用到个体身上，这不利于我们正确地认识某个人的特质。受到这种偏见的影响，我们在沟通中也会不经意地流露出对对方的某种感情，比如过于尊敬，或是充满排斥，或是针锋相对，令对方感觉不自然，导致沟通不畅。

所以，不要带着刻板印象去看人。要知道，每个人都有自己的特质，在沟通的实际过程中听其言，观其行，这比大而化之的套用更有价值。

敲 黑 板 划 重 点

▶ 对他人产生正确的认知有助于沟通的顺利开展。

▶ 对他人少一点评判，你对他人的印象会更准确。

▶ 避免先入为主，沟通会让双方都更舒服。

▶ 摒弃刻板印象，沟通会朝着有价值的方向发展。

认清表象，捕捉语言信息的内在含义

> 沟通不仅要听对方说出来的话，还要听对方没有说出来的话。捕捉对方语言信息中的内在含义，有助于把话说到对方心里去，与其进行一场有深度的沟通。

语言是我们在沟通时传达信息的主要手段之一，通过语言的交流，我们可以更了解对方的意图与感受，也可以将我们的意图与感受表达出来。语言说得越明确、越具体，对方就越容易理解。但是在实际的沟通过程中，并不是每个人都愿意明确而具体地传达自己的信息。很多时候，人们会使用意义不明确或者含义较为抽象的词句，希望通过一些语言暗示来让对方自行领悟。

也就是说，在沟通的过程中，人们很少直接表达自己的需求或某种感受，所说的话很多时候都既有字面含义（客观上的意义），又有内在含义（说话者或者倾听者对某句话所赋予的主观含义）。如果我们仅仅听对方的字面含义，就很可能会错了意，无法再进行深入的交谈。因此，只有捕捉对方语言信息的内在含义，才能更好地进行沟通。

在捕捉对方语言信息中的内在含义时，以下几点值得我们注意：

1. 信息含义的关键在人

要理解一个人所要传达的语言信息，除了要关注他说的话，还要关注他本人。因为，语言是为人服务的，是为了表达自己的感受与需求。

同一个词从不同的人嘴里说出来，很可能表达了不同的情感。比如，对于充满干劲的设计师来说，设计工作是实现自我价值，提升个人成就感的一项活动，而对于没有工作动力的设计师来说，设计工作只是一种赚钱谋生的手段而已。

另外，在不同的场景下，在不同的时间里，同样的词语从同一个人嘴里说出来，也可能会有不同的含义。

因此，在与人沟通的过程中，我们要根据讲话者所处的环境来判断他讲话内容的含义，以便更好地回应对方。

2. 语言信息具有欺骗性

在沟通中，语言是传达信息最直接的方式，但不可否认，这种方式传达出来的信息也可能是具有欺骗性的，人们可能会出于各种各样的目的而向你撒谎。如果受到"取真偏见"的影响，即你在心中相信对方，认定对方在说真话，那么要识破这种谎言就难上加难。

要克服这一点，我们在与人沟通时就要注意客观，不要总是先入为主，以免被虚假的语言信息迷惑。

3. 有主见地接收信息

对于他人传达出来的信息，我们需要进行筛选，既不能全盘接收，也不能全部驳回，而要在接收信息时进行思考，有主见地接收信息。

周茂是一家公司的老板，他从一个小职员开始打拼，逐渐获得了如今的地位与成就。他深知自己的不易，对公司里的其他职员要求也很严格。

每当员工向周茂汇报工作情况时，一旦有让周茂不满意的地方，他就会训斥员工。有时候，他只看重汇报结果，却不顾原因。

周茂这种对待工作的态度与方式让公司的很多员工都很纠结，他们很想把实际情况汇报给他，但又担心自己会遭到训斥，甚至会被扣工资。

慢慢地，这些员工开始变"聪明"了，他们在汇报工作时总是"报喜不报忧"。比如，销售部经理在汇报工作时会说"今年的业绩增长了15%"，而不说"虽然今年的业绩有所增长，但同比增长却在下滑"。

对于这些汇报，周茂经常是全盘接收，完全相信。有时候他也会有些质疑："难道公司一点儿问题都没有吗？"但是这种疑虑并不会持续多久，他也不会去主动找问题。

后来，周茂发现公司在运营方面存在多种问题，想要弥补，却已经晚了。自己辛辛苦苦打拼下来的事业就这样被毁了。

周茂正是由于全盘接收对方所传达的语言信息，没有进行深入的分析与思考，而使自己被蒙蔽，遭受了巨大的损失。

其实，不论什么时候，不论与何人交谈，我们都应该有自己的主见与思考，并尽可能从客观的角度来分析对方的语言信息，不应该仅仅局限于对方所表达出来的内容，而应该找出这些内容信息之间的内在联系。读懂对方，你们的沟通才能朝着有深度、有价值的方向发展。

敲黑板划重点

- ▶ 关注语言信息，也要关注说话的人。
- ▶ 语言信息具有欺骗性。
- ▶ 捕捉语言信息的内在含义，使对话朝着预想的方向发展。

善用语言信息，推动沟通的进程

> 运用语言引导，让对方积极地参与到谈话进程中，
> 双方才能更好地进行沟通。

沟通是一个逐渐了解对方的过程，通过深入的交流与探讨，双方都可以进一步了解对方的情况，例如对某件事情的看法、个人的基本信息、已经形成的某种价值观等。两个人的沟通就像玩跷跷板，一方说时，另一方听。只有两个人轮流表达，才能让沟通继续下去，不然很可能双方都觉得无趣，无法再享受这个过程。

在沟通过程中，并不是每个人都能兴致高昂地开启一个话题，也并不是每个人都对谈论的话题感兴趣，如果碰到不善言辞或者不想说话的人，就很容易将沟通的氛围弄僵，出现冷场。此时，为了缓解双方的尴尬，我们可以利用一些语言信息，引导对方谈话，通过进一步的交流来打破这种僵局。

你可以尝试以下方法：

1. 寒暄问候，展开谈话

当对方看起来无话可说时，你要如何开启谈话呢？其实，寒暄问候的方式最恰当不过了。

如果你与对方并不熟识，不妨先通过问候的方式与对方建立联系，为接下来开启有意义的谈话做好铺垫。比如："您好，我是××。听说您是一名十分成功的企业家，我很早就想结识您了。"

如果你们曾经见过几面，但是并不是很熟悉，那你不妨询问一下对方的近况，通过表达关心的方式使接下来的谈话更有温度。比如："好久不见了，还记得我吧！上次我们在××的生日聚会上见过。你最近过得怎么样？"

寒暄问候只是一种手段，是为了拉近与对方的距离，让对方在接下来的沟通中不那么拘束，从而可以加深谈话的深度。如果没有寒暄，对方很可能会一直处于防备状态，自然也就无法与你掏心掏肺地交谈。

2. 表达主题，奠定基调

教师经常会用一些常见的现象或者容易引起学生兴趣的事情来开启讲课，渲染课堂的氛围，然后再引入课堂教学的主题。其实，我们在与人沟通中也可以借用这种方式，先铺垫衬托一下谈话主题，奠定好基调，让对方不会觉得那么突兀。比如可以这么说："昨天的事情你听说了吗？真是太让人震惊了，我觉得咱们需要讨论下。"

要注意，表达主题前的铺垫不必太长，如果时间太长，可能会让对方感到厌烦，使其无法抓住你想要表达的主题。因此，只要稍微做一下铺垫就好。

3. 进入正题，把表达的机会交给对方

每个人都有表达自己的意愿，这是毋庸置疑的。如果对方在与你谈话时并不积极，很可能是因为你没有给对方说话的机会。因此，当你发现对方在沟通中变得沉默时，请你想一想，是不是自己说得太多，以至于对方无法发言，无法表达自己的看法。如果确实如此，那么你也可以及时地弥补，将表达的机会交到对方手上。

比如，你可以这样说："不好意思，一谈到这个问题我就太投入了。我说了这么多，权当是抛砖引玉了，您对这个问题有什么看法呢？"或者在你说完之后，多用"对吗""这样理解可以吗"，来让对方接住这个话题，继续说下去。

在转交表达的机会时，最好是用疑问的方式询问对方的态度和想法，而不是要求对方必须接着说。

4. 总结讨论，得出结论

总结讨论是沟通中必不可少的阶段，这个过程类似于头脑风暴，每个人都可以表达自己的想法，对某个观点表示赞同或反对。而且，讨论并不是为了得出一个统一的结论，如果在讨论的过程中，参与者对这个问题有了更深入的认识，有了更深

远的见解，那么这次讨论就是一次有价值的沟通，即使结论并不明确，也不影响沟通的价值。

要注意，在讨论的过程中虽然可以畅所欲言，但也应该让其他人有发言的机会，引导别人说出自己的看法。比如多使用"你觉得呢""这样想没错吧""你有什么其他的想法呢"等句子。他人参与的积极性高了，谈话的氛围自然会随之变得活跃，谈话也会变得越来越有深度。

5. 余兴十足，愉快结束

一次谈话的结束并不代表关系的结束，它还可以是下一次谈话的开端。在谈话接近尾声时，你还可以说："跟你聊天很愉快，还能学到不少知识呢，期待再次与你交流。"愉快地结束谈话，才算为此次交流画上了一个完美的句号。

总之，在与人沟通时，多使用一些语言信息，引导对方参与其中，沟通才会更精彩。

敲 黑 板 划 重 点

▶ 寒暄问候，拉近与对方的距离。

▶ 多用提问与请教的方式，将表达的机会转交给对方。

解读非语言信息，说出触动内心的话语

> 非语言信息与语言信息在沟通中能起到互相加强、互为补充的作用。正确解读对方的非语言信息，有助于说出触动对方内心的话，使对话更有价值。

非语言信息在沟通中同样起着重要的作用，得体的衣着服饰，适当的肢体动作、眼神交流，恰到好处的表情变化，都能对沟通起到不小的促进作用。而且，非语言信息也有助于构建对话，在他人表达的过程中，我们不便插嘴，但是可以用眼神、表情等表示出对所谈话题的兴趣，从而暗示对方继续讲下去。

当然，在沟通中故意运用非语言信息来达到自己目的的现象也是比较常见的，比如有人会用眼神、肢体动作表现出对一个人的好感，其目的是获得对方的支持。当有人表现得坐立不安，回避眼神接触时，我们就可以认为对方是在说谎。但实际上，有研究表明，辨别他人是否说谎比我们想象中要难得多。

因此，对于对方表现出来的肢体信息，我们不应轻易做出判断，以免判断失误，说出令双方难堪的话语。

当你需要根据对方的非语言信息来进行判断时，请你注意以下几点：

1. 不轻易下结论

对方的非语言信息可能会传递出他此时的感受、想法，但无论你观察到了什么，这些都是你的推测，是根据事实所进行的猜想，并不能确定是不是正确的。所以，不要轻易根据对方的非语言信息下结论，不要轻易判断他们的言行目的。

当然，为了让沟通更好地进行下去，了解对方的想法与感受是十分必要的。如果对方不直接表达，你可以找其他证据来证明你此时的猜想，比如用其他问题探寻对方的感受。当你得到了确切的结论后，就可以更好地与对方交谈了。

2. 考虑其他的可能性

每种肢体语言所表达的信息并非只有一种。比如，对方大笑，可能表示他对你谈论的观点感兴趣，并觉得有趣；也可能表示你所说的某些内容触动了他的笑点，他有过同样的经历；还可能表示他对此没兴趣，笑声只是为了掩饰尴尬与沉默；等等。

此外，对方身体不适，或者性格内向，或者在非语言交流方面存在障碍，可能就会影响我们的判断。因此，对于我们所观察到的肢体信息，我们应该考虑其他的可能性，以免理解失误，使沟通陷入不必要的麻烦。

3. 总结其他非语言信息

我们都知道"兼听则明，偏信则暗"，在理解对方的非语言信息时也是如此。整合不同渠道的信息，可以帮助你做出更合理、更准确的判断，从而使你根据对方传达出来的信息说出触动对方的话语，让对方觉得能和你聊到一起去。

敲 黑 板 划 重 点

▶ 不轻易根据对方的非语言信息下判断。

▶ 一种肢体动作有多种表达信息，考虑全面才能尽可能地做出正确的解读。

▶ 综合多种非语言信息，解读会更准确。

巧用肢体语言，无声的表达同样有价值

> 管理好自己的肢体语言，无声的表情与动作同样能成为促进沟通的催化剂。

在沟通的过程中，你会关注对方的肢体语言，同样，对方不仅会关注你所说的内容，而且会试着解读你的肢体语言。所以，用好肢体语言，它也会成为你传达信息的有效途径，帮助你与他人进行交流。

在使用肢体语言时，要注意以下几点：

1. 使肢体语言与所说的保持一致

肢体语言能传递出很多信息。如果你不注重管理自己的肢体语言，对于别人的谈话，虽然嘴上表示赞同，但是肢体语言却表示出不屑、不相信等信息，那么也会造成对方的不快，影响你们之间的沟通。

美剧《生活大爆炸》中的谢尔顿一说谎就会面部抽筋，让人看得浑身不自在。所以，即使他嘴上不说，朋友们也知道，他此时说的是假话。当然，朋友们都了解谢尔顿的性格和处事风格，所以不会跟他计较。

但如果我们在与人沟通时，肢体语言与所说的内容不一致，就很可能给别人留下心口不一、虚伪的不良印象，甚至有可能惹怒对方，使正在进行的谈话终止。因此，我们要管理自己的肢体动作，让肢体语言与言语表现得统一。

例如，在收到对方送的礼物时，即使这并不是我们理想中的礼物，我们也应该面带微笑，连连感谢对方；在他人出现工作失误，而自己升职加薪时，应该尽量为他人感到惋惜，而将自己的喜悦之情收敛起来。

2. 避免表现得极端

肢体语言运用得好，可以促进谈话，增进双方的关系，但若是运用得不恰当，反而会影响谈话的进程。很多喜剧电影都喜欢用"错位"的方式，通过极端的表现来营造喜剧效果，比如，明明是该表现悲伤的场合，主角却一直微笑。

电影中的夸张动作和表情我们可以一笑置之，但若我们是沟通中的当事人，在沟通过程中表现得很极端的话，就很容易引起别人的反感。比如，当对方讲了一个很长的故事时，你为了讨好对方，一直不断地微笑、点头，就很可能被认为不真诚；当对方向你描述某个人的缺点时，你义愤填膺，不断地捶桌子、瞪眼睛，虽然你表现得很重义气，但是对方恐怕再也不敢跟你谈类似的问题了。

在用肢体语言表现自己的想法时，一定要避免偏激，最好不要一成不变。偶尔出现一些表达情感的肢体表情与动作，对方会更注重你的回应，你的这些表达也会起到更大的作用。

3. 保持眼神交流

在沟通中保持眼神交流，这是一种尊重，表示你的注意力在对方身上。但也不宜长时间盯着对方看，以免被对方认为无礼，或是有攻击性。

在沟通过程中与对方保持眼神交流是很有必要的。如果你总是避开对方的视线，对方就可能会觉得你对这段谈话不感兴趣，或是这段谈话让你觉得不愉快，那么对方自然也就不愿意再与你继续分享、交流了。

相反，如果你能时不时地看着对方的眼睛，与对方进行目光交流，表达出你对对方的肯定、认可或赞同等情感，那么对方谈话的热情自然会高涨，也会愿意主动与你谈及更多、更深入的问题。可以说，恰到好处的眼神交流可以起到"此时无声胜有声"的效果，使沟通朝着更积极的方向发展。

4. 避免不恰当的肢体动作

可能有时候不经意间的一个动作、一个行为就会拉低我们在对方心目中的分数。所以，不论是在什么沟通场合，肢体动作都值得注意，需要引起我们的重视。比如，在公共场合应避免用手指剔牙、掏耳朵。

5. 保持合适的空间距离

美国人类学家、心理学家爱德华·霍尔博士将界定人际关系的空间距离分成四类，即亲密距离、私人距离、社交距离和公共距离。

双方之间的关系不同，令双方感到舒适的距离自然也有所差别。距离太近会让对方产生侵入感，抵触进一步的交流；距离太远又可能会让对方产生一种疏离感与陌生感。所以，我们在与对方交谈时，要在合适的距离处与对方展开谈话，使沟通在双方都感到舒适的情况下进行。

敲 黑 板 划 重 点

▶ 肢体语言信息要与你说出来的信息保持一致。

▶ 通过不时的眼神交流可以表达你对谈话的兴趣。

▶ 与对方保持合适的距离，避免不恰当的肢体动作，都能营造出一种舒适的谈话氛围。

第五章

挖掘有价值的话题，
内容有趣更能打破尴尬的局面

　　不是掌握了沟通技巧，就具备良好的沟通能力了。掌握沟通技巧只是具备良好的沟通能力的其中一个必要条件，而非充分条件。

　　良好的沟通需要一个有价值的话题，可以说，话题是沟通的灵魂，其他都是辅助手段。因此，选好沟通话题，找到合适的内容，并进行深入拓展，才能激起双方沟通的欲望，打破双方无语的尴尬局面，从而使沟通越来越有意义。

沟通内容也要"私人订制"

> 沟通话题就像货币一样，并非世界通用。我们在出国游玩时，需要兑换当地国家的币种，同样，在与不同的人沟通时，我们也要选择相应的话题与内容。

正所谓"巧妇难为无米之炊"，沟通内容就是做饭的"米"，如果没有"好米"，那么就很难做出一锅"好饭"，沟通自然就会失败。因此，沟通的重点应该回归到所谈论的话题上。而那些沟通技巧是为沟通主题服务的，就像一盘菜首先要能让人吃饱，能满足营养需求，然后再考虑是否色香味俱全。

话题就是我们交流的"中心思想"，如果话题的选择不当，就很可能给沟通带来各种障碍，比如出现一方滔滔不绝、兴致高昂地说，另一方则毫无兴趣地敷衍回应，或者双方相对无言，无话可说，一脸尴尬等情况。

我们常说要"见什么人说什么话"，在选择沟通的话题时更是如此，只有选好了话题，才能让双方都有交流的欲望，沟通才能更深入，更让人享受这个交流的过程。

　　面对不同的沟通人群，在选择话题时也需要"私人订制"，不能全都用"均码"打发。在选择话题时可以注重两点：

1. 业务交流话题

　　工作中的沟通与交流大多是与业务相关的，由于沟通双方对业务都比较了解，所以沟通会很自然地进行，不会在话题选择上出现太大的失误。但在进行工作交流时，要注意排除其他方面的影响，比如着装选择、容貌形象、言行举止、说话方式等。

　　当然，除了这种正式工作中的交流，我们还会在其他场合与工作伙伴或是合作人员打交道，此时，将话题局限在工作层面未免显得有些不近人情，给人一种生硬之感。因此，在这些场合，谈论一些双方都感兴趣的话题，或是双方都关注的事件，往往能使谈话更深入，同时也会给对方留下一个好印象。

2. 有共同语言的话题

　　毫无疑问，一场成功的沟通是奠定在双方有共同语言的基础上的。请你想一想，你愿意与之联系的那些朋友，你们是不是有着相同的兴趣爱好或者相似的价值观？即使兴趣不同，你们是不是在某些方面也有着共同语言？

　　与和自己有共同语言的人交谈，双方都会觉得轻松自在。交谈双方可以聊彼此都感兴趣的话题，也可以交流自己对某件事的看法，由于有着共同语言，双方对彼此都能多一分理解与认同，从而可以使沟通更顺畅，免去因不理解而造成的烦恼。

　　因此，在与亲戚朋友交流或是在其他非正式的场合进行沟通时，选择对方感兴趣的话题是明智的选择。

3. 闲聊话题

在平时的人际交往中，闲聊都是不可避免的，比如在电梯中、排队时、偶然相见时等，此时打招呼或是进行一些简短的聊天，既是一种礼貌，又能维系彼此的关系。

闲聊并不像大型的交流一样，有足够的时间去进行深入的探讨。闲聊通常是很简短的交流，因而不适合谈论双方争议比较大、存在不同观点的话题。选择合适的闲聊话题，也能增进彼此之间的了解，增进双方的亲密度。

在进行闲聊时，要注意以下几点：

（1）闲聊要积极

没有人愿意跟满口丧气话的人交谈，如果聊天不能让自己的心情更好，反而变得更糟，那何必要参与这次的聊天呢？

在与人闲谈时，请挑选积极的话题，天气好的时候可以聊天气，食物做得好的时候可以聊食物，不堵车时也可以聊交通等。总之，不要总是自怨自艾，而要挑选积极的、合适的、能给人带来好心情的话题，要知道，没有人喜欢看你杞人忧天。

（2）强调共同点

在闲聊时强调彼此之间的共同点，弱化不同点，可以使闲聊中的争议最小化，也使双方都能享受这次闲聊，减少矛盾的出现。

（3）避免自说自话

即使是一次简短的聊天，也要避免自说自话。谈话双方都有说有听，闲聊才不会单调。在谈话过程中，要谨记轮换原则，自己既不能一句话不说，也不能滔滔不绝，不给对方发言的机会。

敲 黑 板 划 重 点

▶ 沟通话题因人而异，需要慎重挑选。

▶ 选有共同语言的话题，双方的交流会更顺利、更深入。

▶ 闲聊要避免有争议性的话题。

筛选有价值的内容，别在无效信息上浪费精力

> 谈论那些没价值的信息，就好像吃那些既不营养又不美味的食物，白白占据了胃的空间，自己吃得也不开心。注重有内容、有价值的交谈，摒弃无效信息，沟通会更有意义。

在信息爆炸的时代，人们会接触各种各样的消息，看到各种各样的新闻。一打开某些 App，很多消息都会自动推送，这些消息可能是明星的绯闻，可能是名人轶事，也可能是与国家政策相关的。其中不乏一些有价值的信息，但大多都是无效信息。对于这些信息，大多数人也都是顺手关闭，甚至没有耐心把标题读完。

其实，在沟通中也是如此。如果我们总是与人谈论那些没营养、没价值的内容，对方只会觉得不感兴趣，不想深入交流，甚至会产生厌烦感，同时也会拉低我们在对方心目中的地位与分量。所以，如果想要与人进行深入的沟通，我们就应该选择那些有营养、有价值的话题，从源头上屏蔽那些无效信息。

那么，什么样的才算无效信息呢？通常来说，无效信息主要有以下几种形式：

1. 日常琐事

发生在我们日常生活中的琐事可以成为茶余饭后消遣的谈资，但对于深度沟通来说，这却不是恰当的沟通话题，也不会引起人们多大的关注。比如"环卫工人又在打扫街道了""医院里每天都有这么多人排队挂号""风太大了，让人睁不开眼"，当人们说出这样的话时，大多会给人一种没话找话的感觉。

除此之外，有些人在描述一些事情时总是不懂详略得当，对细节描述过多，也容易给人一种琐碎与啰唆的感觉，就像电影《大话西游》里的唐僧一样，让人不胜其烦。

比如，一个人在描述自己去影院看电影时，说："我提前两天在网上买了一张电影票，电影是11：40开场的，要持续2小时50分钟。由于我之前没有去过这个电影院，我就想着早一点儿出发，以免找不到地方，耽误了看电影，而且，我还想在电影开场之前吃一顿饭，于是我9：30就从家出发了。我去公交车站等车，到公交车站时差不多是9：45，我等了8分钟，才上了公交车。然后我坐到……"

听了这样的话，你是什么感觉呢？是不是觉得好像有人在自己耳边唠叨呢？其实，人们并没有多大的兴趣去听这些细节性的东西，也不在乎你到底有没有迟到，吃了什么。如果你在沟通中将这些日常琐事都一股脑地倾倒出来，只会让别人觉得无聊，想要尽快结束这个话题。

2. 缺乏重点的信息

在与人沟通的过程中，我们常常会抓住一个重点话题来讲，各自表达看法，从而使沟通的内容逐渐深入，引人思考。但有时候，一不注意，我们就很容易说出一大堆无效信息，表达的内容看似充实，但实际上没有重点，各种信息之间缺乏联系，往往会让听的人一头雾水。

比如这样一段话："一到夏天我就想吃西瓜和雪糕，上次我吃了一个芒果味的雪糕，真好吃。一说到芒果，我就想到之前吃的青芒了，那么大个，我自己一下子就吃完了。去超市买芒果的时候，我还买了个帐篷，打算出去旅游的时候用呢。到了晚上，睡在帐篷里，听着帐篷外的海浪声，想想就很惬意。"

这一段话透露出来的信息很多，但是东一榔头、西一棒子的，没有重点，会给人一种没头没脑的感觉。

3. 价值观有问题的信息

这类信息包括恶意的诽谤、谣言。比如故意说某人的坏话，违背道德准则；在销售之前商讨如何欺骗客户，违反法律；等等。这些信息大多掺杂了讲话者的恶意引导，会让沟通活动变得不合理，使沟通变成一种欺骗。

可以说，如果沟通中存在以上这些无效信息，谈论的话题没有价值，那么这只算一种消磨时光的闲聊，无法称得上是一次有价值的沟通。而且，如果对方对你的话题不感兴趣，那么你在对方心中很可能就变成了一个废话连篇的人。

那么，什么样的话题才是有价值的呢？一般来说，那些能够满足人们某种需求（比如通过谈话解决问题，通过谈话达到自己的目的），或者产生某些积极影响的谈话，才算是有价值的。比如环境保护、家庭教育、留守儿童、社会热点事件、火灾防范等，这些话题都可以让人们的思想层次更深入。

其实，在与人沟通时，即使话题本身并不具备太大的价值，我们也可以挖掘它的深度，拔高这个话题的价值，提升所谈论内容的意义与价值。就像写作文时，我们往往会从小处着手，然后以小见大，将中心思想拔高。

　　某城市建设的负责人让三个建筑师设计这座城市的地标性建筑，并询问他们各自的设计构想。

　　第一位建筑师说："我会设计出一个非常漂亮的弧形建筑，它一定会让人眼前一亮的。"

　　第二位建筑师说："我会设计出这座城市的名片，让人们一看到这个地标建筑就想到这座城市。"

　　第三位建筑师说："我会为建设这座美丽的城市出一份力，让这个建筑使整座城市变得更加美丽，更具有人文气息。"

　　后来，这位城市建设的负责人选择了与第三位建筑师合作。

很显然，第三位建筑师的话将价值拔高了，他将设计地标性建筑这件事上升到了美化城市、提升城市人文气息的层面，既称赞了一番自己的工作，也让对方觉得自己志向远大、充满热情，从而使自己所说的话更具有吸引力，也更有价值和意义。

　　将一个话题由浅入深地进行分析，挖掘话题的深度，你的谈话有内容、有质量，别人自然愿意与你进行深入的交流。

敲黑板划重点

- ▶ 无效信息主要有三种：日常琐事、缺乏重点的信息和价值观不正确的信息。
- ▶ 挖掘话题的深度，可以拔高一个话题的价值。
- ▶ 有内容的谈话，才可以称得上一次有价值的沟通。

找到流量入口，找个热门话题来讨论

> 热门话题往往具有很大的关注度，容易让人们有共同语言。将热门话题与谈话内容相结合，有助于双方都发表自己的看法，使讨论更深入。

热门话题，指的是在一定时间、一定范围内，公众最关心的热点问题。在沟通过程中，要想让双方对谈论的话题都感兴趣，都有话可说，谈论热门话题是很好的选择。

一般来说，热门话题代表了一段时间内的一种信息趋势，具有很大的关注度，在社会上也产生了一些影响，几乎每个人都能针对这些问题谈谈自己的观点。对于沟通中的双方来说，将热点事件与谈话内容结合起来，既可以让谈话不那么枯燥，使话题具有新鲜感，也可以让双方针对这些问题进行深入的思考，使这场谈话产生一定的影响力。

同样的一场谈话，如果你在其中加入了一些你对热点事件的看法，对人们的吸引力会更强。这主要是因为热门问题有以下特点：

1. 自带流量

热门话题本身就自带流量属性，就像一个自带光源的发光体，会吸引人们接近。相比于日常的衣食住行，热门话题往往存在一定的争议性，或者有很大的信息量，因而也会引起人们的关注，使人们主动针对这些问题表达自己的观点，与他人进行积极的互动。

社会行为学家通过对信息流量进行观察和分析后发现，当发生一些重要事件时，这些事件的信息会呈现井喷的状态，而且，人们往往很容易受到这些信息的驱动，从而引发一番讨论热潮。

此外，在沟通中讨论热门话题，通过双方都了解的话题进行谈话切入，双方都更容易找到彼此之间的共同语言，不至于使交谈的氛围太过尴尬。

2. 冲击性强

热门话题在一段时间内久居热搜不下，与话题本身的冲击性有很大的关系。一个有冲击性的话题往往会让人感到震惊，引起人们继续关注的欲望。

很多"标题党"便是利用人们的这种心理，在写标题时，经常会表达出自己的惊讶，并会用感叹号加强这种冲击性。

热门话题给人带来的冲击是很大的，无一不在挑战人们的心理承受力。对于这些热门话题，人们也会积极地关注接下来的发展状况。因此，在沟通中讨论这些热门话题，人们也会十分感兴趣，乐于进行深入的讨论。即使有些人并不了解这些事件的整个过程，也不会排斥这场谈话。

3. 公众基础大

热门话题可能是国家的政策改革，比如教育、医疗、楼市、股市、就业等，这些都是与人们的切身利益相关的，也是人们最关心的问题。

在如今的信息时代，热门话题大多已经引起了广泛关注，占据了头条，有很强大的公众基础。而且，人们所获得的信息也大多是对等的，在沟通中不会因为信息来源不同而存在较大的出入，这也是促使人们可以进行沟通的基础。

在沟通中以热门话题来切入，可以让双方都有话可说，都能表达自己对这些事件的看法，从而顺利地进入沟通状态。当然，并不是每个热门话题都适合作为深入沟通的切入点，在不同的场合，面对不同的人群，所要谈论的话题也要适时地变化。比如，在别人的结婚典礼上，谈论比较悲伤的热门话题就不太合适，相反，谈论一些甜蜜的话题就很合时宜。

在沟通中引入热门话题时还应注意时效性。在这个信息快速更新的时代，热门话题通常来得快，去得也快。如果没有后续的发展、爆料，那么一个热门话题很快就会被另一个话题所取代。因此，在谈论热门话题时，要注意不要用已经"过期"的话题，以免让人觉得你落伍了，或是在没话找话。

敲黑板划重点

▶ 热门话题自带流量，有很广泛的受众。

▶ 借助热门话题开启谈话，有助于建立良性的沟通关系。

▶ 在沟通时要注重热门话题的时效性，不要炒冷饭。

寻找创意话题，打破常规让沟通更生动

> 平淡无味的聊天话题会令人生厌，充满创意的谈话内容会让人回味无穷。打破常规，选择有创意的话题，沟通会更生动。

两个水果摊前分别写了一段标语。其中一个写着"很甜很甜的水果"，另一个写着"比初恋还甜的味道"。如果你站在这两个水果摊前，看到这两个标语，你会想要买哪个水果摊的水果呢？相信大多数人都会选择第二个，因为这个标语很有趣、有创意，我们会好奇"比初恋还甜的味道"到底是什么味道。

其实，沟通也需要有创意。一个创意话题会让人感觉耳目一新，令人惊喜万分；而一个平平淡淡的话题则会让人没有说话的兴趣。

有位营销人员在一场聚会上见到了一位客户，为了给对方留下一个好印象，他便想和对方闲聊几句。

由于双方并不是很熟，他便以天气开启话题："今天真

冷，没想到降温这么快。"

对方一脸平静地说："这里就是这样，温度一直是忽上忽下的。"

听完这话，这位营销人员觉得很尴尬。于是他又开启了另一话题："周末上映的电影你看了吗？评价还不错。"

对方又是一脸平静地回答："我不怎么看电影，而且上周末也没时间。"

接下来，这位营销人员又说了一些话，但得到的回应都是冷冷淡淡的，场面一度显得很尴尬。

其实，这场沟通无法顺利进行，除了对方的回应不积极之外，主要还在于这位营销人员没有找准合适的话题，他谈论的那些都是平平淡淡的、无法引起对方谈话兴趣的内容。如果他可以谈论一些有创意的话题，那么谈话氛围肯定会变得很轻松、很和谐，对方也会主动参与谈话，从而使谈话变得有意义。

寻找创意话题的关键在于打破常规。当对方认为你会说这样的话时，你恰恰打破了对方的预期，反而给对方来了一个措手不及。比如，在约会时，询问对方经历过的最尴尬的一件事；在非正式的工作场合，与客户交流日常生活，比如对方的衣着打扮、家人孩子等。但要注意，谈论的话题还应该以现实为依托，不能为了追求创意就刻意谈论那些反常规的话题，以免让人觉得你不切实际，不屑于与你交谈。

当然，创意话题并不是那么容易找的，想要开启一段有趣味、有意义的聊天，你可以尝试通过以下方法来设计话题：

1. 提前准备有趣的话题

对很多人来说，话题并非张口就能说出来的，一个好的话题往往经过了长时间的准备与知识的储备。要调动起对方的谈话热情，与对方进行深入的交谈，你不妨提前准备一些有创意的话题，以备不时之需。

准备的话题内容可以多种多样，可以是冷门的知识，可以是对人们固有认知的纠正，也可以是能够引起对方好奇心的某些问题等。比如，对于"鱼的记忆只有 7 秒"这个内容，你可以打破人们以往的固有印象，这样开启交谈："很多人失恋后都想变成一条鱼，因为觉得鱼的记忆只有 7 秒，这样可以很快地走出悲伤与痛苦。但实际上，即使他们真的变成了鱼，也无法达到这个目标，因为鱼的记忆可以达到一个月甚至更久。"

2. 改造常见的问题

在平时的交流中，我们要谈论的话题大同小异，尤其当对方是某方面的权威人士，或是最近经历了某件大事，那么你想要与其谈论的那些常规性问题，对方也许早就谈过多次，不胜其烦了。要使话题能继续下去，我们可以将这些常见的问题改造一下，变个形，让对方不再有千篇一律、无聊透顶的感觉。

比如，某专家研究出了一种特效药，很多人都询问专家是如何研制的，经历了多少次的失败才成功，那么你就可以另辟蹊径，问问专家在研制成功的那一刻心情是怎样的，做出了怎样的反应、行为。相比其他人的问题，相信他更乐意跟你聊天。

3. 分享有趣的经历

在沟通中与对方分享你有趣的经历，往往会拉近你们之间的距离，让对方对你少一分防备，多一分信任，从而乐于与你交谈，使沟通趣味无穷，充满意义。

敲 黑 板 划 重 点

▶ 准备一个有创意的话题，对方才愿意跟你交谈。

▶ 有创意不代表要反常规，不能为了有创意而违背某些原则。

讲个故事，增强话题的黏合力

> 在沟通中讲个故事，唤醒人们内心的感性认识，可以从内部瓦解对方的防御，从而使沟通更加畅通无阻，使交谈的话题更具有深度、更有意义。

相信大多数人都有这样的体会：当父母滔滔不绝地说那些所谓的大道理时，即使我们知道他们说得对，也免不了感到厌烦。每个人都不喜欢被人说教，不喜欢听别人讲所谓的大道理。这种"满堂塞"的沟通方式就像牛不喝水强按头。其实，只要他们换一种沟通方式，比如讲个故事，我们就容易接受得多了。

在与其他人沟通的时候也是如此，如果我们想要让对方乐于接受我们的建议，让对方想要与我们进行深度的交谈，我们可以通过讲故事的方式来表达自己想要讲的道理。

有些人认为故事是讲给小孩子听的，成年人不愿意也不屑于听故事，其实不然。要知道，不论是小孩子还是成年人，听故事时听的都不仅仅是故事，而是故事中所传达出来的道理。而且，对于某些不便直言的话，故事同样会发挥作用，通过委婉又不伤面子的方式让对方心领神会，从而使沟通氛围更和谐。

与正常的沟通相比，故事中的内容更丰富，情感更丰满，因而对人们的吸引力更大，话题的黏性也更强。通过讲故事，对方可以将故事中的人与自己联系起来，从而给人启发，使人深思。

那么，在沟通中如何才能讲好一个故事呢？可以从以下几个方面着手：

1. 从自己的故事开始讲

在与他人交流时，从自己的故事讲起，可以在无形之中拉近双方的距离，从而使对方在"润物细无声"中受到影响。

一名某品牌的空调销售员在推销产品时，就采用了讲自己的故事的策略。

在推销空调时，他没有急着介绍这款产品的性能，而是先向对方讲了这样一个小故事：

"首先，我要告诉您，虽然我卖××品牌的空调，但是我家里并没有安装此款产品。我有两个女儿，她们都很乖巧。虽然夏天很热，电扇一直转个不停也没用，但她们知道我挣钱不易，不忍心提出安装空调。但我还是不忍心看她们热得难受。我存了些钱，打算在今年夏季来临之前就给家里安装这款空调，让我的孩子们度过一个凉快的夏天。"

在他这样说了之后，客户不仅没有对他反感，反而主动询问他这款空调的性能、价钱等。最终，他通常都会销售成功。

用自己的经历与真实体验讲故事，在故事中融入感情，更容易打动人，也更容易被人接受，从而有助于开启接下来的交流，为深入沟通打下良好的情感基础。

2. 借用别人的事情来讲故事

讲故事需要有相应的素材，在谈论某些话题时，借用别人的事情来讲故事会增强说服力，更容易让对方听得进去。比如，在与脾气暴躁的人沟通时，可以给对方讲"小男孩发脾气在树上划一刀"的故事，让对方认识到"承受自己脾气的那个人就像那棵无辜的树"，从而主动控制自己的脾气，使接下来的沟通氛围更融洽。

3. 不随意虚构故事

要找到一个合适的故事并不容易，在很多时候，我们也会通过编造故事的方式来佐证自己的观点，让对方放下戒心。以事实为基础加一点虚构成分，并非完全不可以。

但是在虚构成分时要注意尺度，不能随意虚构事实。这种沟通毕竟不是演电视剧，如果你被别人拆穿，别人对你的信任度自然会大打折扣。

4. 故事要简短

故事是为沟通服务的。在沟通中讲故事的目的是更好地传达我们的观点，解决沟通中的某些问题。因此，故事应尽量简短，突出重点，能让对方快速领会故事中的内在道理。一个故事最重要的就是话题价值。我们在沟通中切不可顾此失彼，丢掉了谈话的重点。

敲 黑 板 划 重 点

- ▶ 遇到不便说出口的话，讲个故事效果更好。
- ▶ 沟通不是讲故事大赛，故事越简短、越能体现表达的重点就越好。

第六章

紧抓主题，别因跑题使沟通"脱轨"

就好像写作文时确定了作文的题目，但并不能保证所有人写出来的作文都能不跑题、足够引人深思一样，当有了明确的沟通主题后，如何交谈才能使谈话更深入，更有意义，这也是一个技术活。

在沟通中紧抓主题，挖掘话题的内涵进行多角度的拓展，引导对方表达自己的看法，不被繁杂琐碎的信息带着跑，你才能掌控谈话，让沟通朝着良好的方向发展。

确定沟通目标，谈话才不会迷失方向

> 人们在沟通中需要一种目标意识，需要靠目标来指引谈话的方向。因此，坚定沟通目标，使谈话在正确的道路上越来越深入，才能避免肤浅无用的交谈。

很多人都使用过导航系统，当我们输入目的地后，就会有一条清晰的路线显示出来，我们还能知道到达目的地的大概时间。当我们不小心走错了路时，导航会帮助我们重新规划路线，继续朝着目的地进发。

其实，沟通的过程就像导航，有一个目标，我们便会选择一条通向终点的最优路线，明确前进的方向。即使在沟通过程中遇到了阻碍，我们也可以重新审视目标，调整自己的前进路线，避免陷入沟通中的死胡同。

在一次公司会议上，一个部门主管就当前缩减成本的问题召集部门人员开会。

在会议上，这位主管先发言："在过去这半年的时间里，缩减成本的效果并不大。我知道各位也都很积极响应这个政策，在实施中是存在什么问题吗？"

此言一出，部门人员面面相觑，低头不语。有一位经理迟疑地表态："在过去的这段时间里，我们一直都积极响应缩减成本的政策，即使用纸双面打印，缩减下来的成本也远远达不到装修办公室费用的1/5。"

此话一出，这位主管立即从凳子上站起来，指着这位经理，虽然什么话都没说，但氛围依旧很紧张。

沉默了将近1分钟，部门主管又接着发言："装修办公室，是应发行部门同事的要求，这样有利于取信于客户。至于具体的花费，我确实不是很清楚，稍后我会去核查一下。很感谢你提出这个问题，说明你对我很信任，工作也很负责。接下来我们先讨论一下缩减成本的过程中遇到的问题吧。"

就这样，议题又回到正轨上了。

后来，有人问主管，为什么仅仅经过1分钟，态度变化就如此明显。主管是这样回答的："其实刚开始，我是想要冲他发火的，想教训他一顿，但我突然意识到一个问题——开会的目的是什么？我意识到开会讨论是为了解决缩减成本过程中出现的问题，而不是要制造问题，或是讨论其他问题。这么一想，我就知道自己应该怎么做了，所以也就不再那么气了。"

显然，若不是这位主管及时想到此次开会谈话的目的，那么一场冲突可能在所难免。由此可见沟通目标的重要性。在与人沟通的过程中,我们也要先明确沟通的目的,以免因为一些突发状况而使谈话"误入歧途",与原来的目的地越来越远。

那么,应该如何坚定沟通目标,让沟通之船不偏离航道呢?可以采取以下三个步骤:

1. 明确沟通的动机

明确沟通的动机,确定沟通的目标,可以为一场谈话指明方向。

> 夫妻二人讨论旅游散心的事情。
>
> 丈夫倾向于自驾游,觉得这样自由,不用赶时间,可以好好地放松下;妻子则认为跟团游更划算,能去更多的旅游景点"打卡"、拍照,而且,全程都不用自己操心,只要跟着队伍走就行。
>
> 夫妻二人的意见难以统一,本该是一场愉快的放松旅行,结果在出发前就惹人不悦。
>
> 后来,妻子想到此次沟通的目的不是要引发争吵,而是要尽可能地选择一个双方都满意的出游方式。于是,她便仔细询问了丈夫对这两种旅游方式的看法,经过权衡之后,双方还是决定自驾游。

其实,沟通正是如此,有了明确的动机,朝着共同的目标去交流、讨论,才能尽可能地与对方达成一致的协议,让双方都满意。如果沟通的动机不明确，没有具体的沟通目标，那么很可能谈着谈着就乱了、蒙了，不知道该说些什么了。要知道，流水账式的谈话并没有什么价值。

2. 制定具体的策略

如果有人对你说"我要开始减肥"，你会对其抱以什么样的看法呢？是不是觉得对方又在立口头宣言呢？

如果有人对你说"我要每天都坚持跑 2000 米，每周去游泳馆一次"，那你会是什么感觉呢？是不是觉得对方口中的减肥不再是"空头支票"呢？

其实，这两个人之所以给我们不同的感觉，是因为他们制定的策略不同。第一个人没有制定具体的策略，只是大而化之地扬言要开展"减肥大业"；而第二个人有明确而具体的计划，而且看起来也很容易操作，因而更有说服力。

在与人沟通时，我们也可以采取第二个人的方式，制定谈话的具体策略。当确定谈话的主题之后，我们可以想一想自己要达到的沟通目标是什么，如何才能达到这个目标，怎样说才更容易被对方接受，等等。然后在沟通过程中，我们就可以按照这些策略来逐步实施，使沟通朝着我们预想的方向发展，也让沟通足够深入，足够有意义。

3. 检查沟通的进度

当然，我们无法完全掌控沟通的全过程，就像导航引路时我们也会走错路一样，沟通中我们经常会因为多种原因而拐到错误的方向上，因此，检查沟通的进度十分重要。比如，在沟通进行一段时间后，我们回想一下自己之前所设定的沟通目标、制定的具体策略等是否已经完成，然后再继续朝着通往目标的方向去交流。

只有确定了沟通的目标，并时时检查，沟通才不会跑题，谈话也才能够在正确的道路上逐渐深入。

敲 黑 板 划 重 点

▶ 沟通不能两眼一抹黑往前走，需要一个指路的目标。

▶ 要坚定目标，需要制定具体的谈话策略。

▶ 停下来检查，是为了更好地进行接下来的交谈。

谈话"四步走"，搭建共同的观点库

> 沟通的目的不是让对方抛弃他的观点，也不是让自己完全被对方"浸染"，而是双方在不断的交流中逐渐达到一种平衡，得出双方都能接受的方案。

我们都有自己的观点、感受，这些构成了我们的观点库，在谈话中，我们会自然而然地将其带入其中。当对方与我们的观点存在分歧时，沟通就很难顺利地进行下去。如果处理不当，很可能会引起一番争吵。而搭建一个共同的观点库，双方就会很容易理解彼此的想法，支持彼此的观点，从而使沟通越来越顺利。

所谓共同的观点库，指的是双方可以共享的信息。我们共享的信息越多，接触到的信息越准确，我们的观点、想法也会越全面，不至于受人蒙蔽，只看到冰山一角。可以说，共同的观点库中的"参考资料"越多，我们脑中的想法就会越明智，双方之间的分歧也会越来越小，进而逐渐协调一致。

很多电视剧中都喜欢用误会的桥段来营造冲突，提升戏剧张力。从本质上来说，误会主要是由于双方的观点库不共享，一方得知的信息，另一方并不知情。而当双方共享了这些信息后，误会就自然而然地化解了。当然，我们的生活并不是在拍电视剧，也不必刻意制造误会，相反，在与人沟通时，我们还应该尽可能地减少误会，共享观点库，让双方的观点逐渐趋于统一。

那么，当沟通双方的观点不一致时，我们应该如何做才能达到共赢呢？

1. 暂停当前的争论

当双方各执一词，坚持己见，交谈无法达到一个共同目的时，再继续争论下去意义不大，反而会影响双方的关系。此时，最好的办法便是暂停当前的争论，让双方都冷静一下，思考一下自己的观点是否恰当，考虑一下对方的观点是否有可取之处。因此，你不妨先对对方说："这样吧，我们继续争论下去也没结果。不如我们都先冷静一下，过几分钟再继续讨论这个问题，好吧？"

这种处理方式看似简单，但是在实际沟通中，人们很难控制住自己的情绪，所以，要真正做到这一点，我们仍需要继续修炼。

2. 探寻观点背后的深层原因

人们的观点、想法并非都是毫无理由的，大多是经过了认真思考的。因此，即使对方表达了你并不认同的观点，你也不应该直接指出其中的不妥之处，而应该想一想对方为什么会产生这样的观点，问一问对方内心真正的想法。当你了解了这些观点背后的深层原因后，也许你会发现这种观点中的可取之处。

理解对方，你才能更好地说服对方。试着调和矛盾，转变心态，说不定你可以找到令双方都满意的解决方案，使沟通朝着预想的方向发展。

3. 降低观点所在层次

鲁迅在《无声的中国》一书中写过这样一段话："中国人的性情是总喜欢调和折中的。譬如你说，这屋子太暗，须在这里开一个窗，大家一定不允许的。但如果你主张拆掉屋顶，他们就来调和，愿意开窗了。"

其实，我们在沟通中也可以利用人们的这种心理来达到目的，让对方接受我们的观点。最简单的做法便是设定两个不同层次的观点，一个是对方肯定不愿接受的，另一个是对方勉强可以接受的。

举例来说，当你在买衣服跟商家讲价时，你可以先压低价格，比如，一件衣服售价200元，你可以先说用120元买，如果对方不同意，你再加20元。一般来说，如果你讲的价格不是很低，对方都会同意的。

4. 开发新思路、新观点

沟通是一个需要双方协调、互动的过程，仅仅让一方退让迁就是很难实现深度沟通的。如果你在沟通中一味地坚持己见，对方很可能就留给你一个渐行渐远的背影，让你独自在风中挣扎。所以，当双方无法达成一个统一的协议时，共同开发一个新思路、新观点未尝不是一种好的解决方法。

此时就需要双方主动配合，积极表达自己的观点，但不能强硬地要求对方接受，而应该共同讨论出一个都能接受的对策。

总之，搭建共同的观点库，并非将你的观点强加到对方身上，也不是全盘接受对方的观点，而是在相互的讨论中逐渐加深对某些问题的理解，从而得出一个相对协调、对双方都有利的结论，在沟通中实现双赢。

敲 黑 板 划 重 点

▶ 当争论不休时，暂时休战会让人更理性。

▶ 理解是沟通的前提，沟通更需要尊重、理解对方的想法。

▶ 退而求其次，寻找新观点，矛盾更容易调和。

关注事实，沟通切忌耍小聪明

> 你的想法不等于事实，不要让自己陷入"我以为"的圈套中。告别主观臆断，让沟通在诚恳有效的交谈中步入正轨。

在与人沟通的过程中，你会经常揣度他人的想法吗？你会将自己的想象当成现实吗？你有没有遇到过"我以为"的情况与事实不符呢？其实，沟通中的"我以为"大多是造成交流不畅的主要原因，因为"你想的"很可能并非对方的真正想法，而你的擅自揣度会给接下来的交流带来一些障碍，使沟通无法继续进行下去。

如果你经常揣度对方的心思与行为，那么请你时刻问问自己："我以为的就是事实吗？"

除了这种自设的"假设陷阱"，在与人沟通时，为了推脱自己的责任，人们还经常会耍一些小聪明，编造"合理"的解释。只有摆脱这些想法的控制，关注沟通中的实际情况，才能不被表面现象所蒙蔽，从而使双方的交流越来越深入。

人们经常使用三种方式来进行主观臆断，这三种想法如下：

1. 受害者想法

即将自己包装成无辜的受害者，觉得对方是阴险的、愚蠢的、错误的，觉得自己是善良的、聪明的、正确的。在沟通中提出这种想法，主要是为了掩饰自己的错误、责任，夸大他人的错误，从而将失误都归咎到他人身上。

> 田亮逢人就抱怨领导对待自己太严苛。有一次，田亮有点事没有在公司加班，领导就将他正在负责的项目交给了别人去做。
>
> 但实际上，这个项目之所以需要加班做，是因为田亮在之前犯了一个大错误，忽略了重要的数据，需要加班来挽回这个错误所带来的损失。而田亮没有加班的那天，正好需要进行工作汇报，领导找不到田亮，只好让部门的另一个人来负责此事。后来，领导觉得田亮没有责任心，因而才换人负责这个项目。

田亮耍了个小聪明，故意将自己的错误隐瞒，夸大领导行为的不合理性，将自己置于受害者的位置上，掩饰自己在这件事情上的问题，试图推卸自己的责任，操控话题的走向。但这种做法并没有什么积极意义，沟通也会陷入片面。只有改变这种不当的想法，将自己从受害者变成参与者，才能让沟通朝着积极的、正确的方向发展。多想一想自己在某件事中的表现，不要有意无意地忽略自己的错误，想法不偏颇，情绪才会积极，才能使对话朝着健康的方向发展。

2. 大反派想法

即给某些人贴上"坏蛋""卑鄙"的标签，觉得这些人做事都有着不好的动机，只有自己才是光明正大的，是正义的化身，从而可以心安理得地指责对方。

比如，同事主动帮忙分担一些你的工作，结果同事被领导表扬，而你什么都没有得到，你就会觉得同事这样做不怀好意，故意让你难堪。于是你便四处散播谣言，说同事的坏话，而忽略了他其实是帮助你解决了工作难题。

当你发现自己在对话中将对方当成了小人时，不妨问问自己："他为什么会这样做？"将对方当成一个正常人，而不是一个心怀恶意的伪君子，相信你很快就会找到答案。

3. 无助者想法

即认为面对当前的情况自己无法做出改变，即使努力也不会有所变化。比如："跟领导提建议，说了等于没说，还是不要自讨没趣了。""儿子在叛逆期，说什么都不听，只有等他自己想明白了。"可以说，无助者想法很多时候是我们在消极应对问题时为自己找的借口。

怀着这种想法与人交流，我们常常会三缄其口，难以与对方真诚而深入地交流。其实，不论对方是否同意我们的观点，在沟通时我们都应该公开、诚恳地与对方讨论问题，积极地扮演好自己在对话中的角色，而不是一味地抱怨努力无用。

当然，有时候你的想法也未必就是错误的。但还是应该区分想法与事实，不要将你的主观想法错当成客观事实，以免使沟通朝着消极的方向发展。

敲 黑 板 划 重 点

▶ 沟通要诚恳，不要总想着推卸自己的责任。

▶ 有些话，说不说是你的事，听不听是别人的事。

引导对方说话，逐渐强化谈话主题

> 沟通只有在双方不断的交流、讨论中才能逐渐深入，让人产生有深度的思考。因此，要强化话题的深度，不仅需要你说，也需要对方说。

在沟通中，并不是每个人都会主动表达自己的观点，随心所欲地就某件事发表自己的看法。即使是关系亲密的两个人，也会因为种种原因而使原来的话题无疾而终，无法得到一个双方都认同的结论。

如果与你交谈的那个人总是三缄其口、惜字如金，在确保对方不是对你反感，对所谈论的话题反感后，你在这场沟通活动中除了要表达自己的想法外，还多了一项任务——引导对方开口说话。

对方不愿说、不敢说，很可能是因为在这场对话中的安全感不强，如果你能营造出安全的氛围，那么对方很可能就会畅所欲言。

要让对方感觉到安全，能够积极地参与谈话，你可以试着

采取以下步骤:

1. 说出你的想法

沟通是一场基于事实表达观点的谈话,如果你在沟通中只是罗列事实,就好像在做数学题时将题中的已知条件逐个罗列出来,对于解题并没有太大的帮助,对方自然也就不愿意直接亮出自己的解题过程。对方不确定你想要表达什么,你的观点是什么,自然也就不会轻易发言。所以,率先根据事实表达个人的想法,得出自己的结论,是建立诚信沟通的第一步。

在表达自己的观点时需要注意对方是否出现了抵触、愤怒等情绪,如果你的表述令对方不悦,那你最好暂停这个话题,或是谈论其他话题,或者让对方说一说认为自己说得不对的地方,以使谈话的氛围不会变得难以挽回。当然,倾听对方的观点不代表承认自己的观点是错的,你也不必为自己的观点道歉。

2. 询问对方的观点

当你表达了自己的观点后,可以让对方根据谈话的主题表达一下他的看法。此时,我们要做的不是让对方完全赞同我们的想法,也不是放弃我们的想法去迎合对方,而是去了解对方的观点,让沟通在双方的互动中有一个好的开端。

你可以这样询问对方:"这件事,你怎么看?""你觉得这件事,我的同事做得对吗?""知识付费,到底是人们引起的一种商业热潮,还是学习时代真的来临了呢?"

在对方表达自己的想法时,我们要仔细聆听。如果你觉得对方说得有道理，可以随时更新、改变自己的想法，从而使沟通越来越顺畅。

3. 做出试探性的描述

当你并不确信自己的想法足够正确和成熟时，你可以做出试探性的描述，让对方知道这些结论只是自己暂时的想法，并不是最终确信的观点。在进行试探性描述时，我们可以使用这些模式，如"我很好奇为什么……""我个人认为……""我有点怀疑这种想法是否……""或许我的看法不对，但我现在还没意识到其中的不足，希望你们能给予指正……"。

一般来说，当你这样表达了自己的意愿后，对方的抵触心理会有所降低，会愿意帮你"答疑解惑"，主动说一说自己的看法。

但要注意，谦逊地表达自己的观点不等于没主意、没主见。如果你的表达缺乏自信，让对方觉得你的观点无足轻重，那么你将陷入谈话的劣势区，别人也会轻视你，不再重视你的观点。所以，软化措辞、表达谦逊不意味着要退缩，该坚持的时候还是要坚持，该强硬的时候还应该强硬。

4. 鼓励对方表达自己的观点

有时候，人们在交谈中会欲言又止，其实，他们这是想说话，但又存有疑惑与担心，唯恐对方无法接受。如果你发现谈话中的另一方有这种表现，那么你首先要表明这样一种态度：无论我们的看法之间存在哪些争议，我都愿意洗耳恭听，并会认真思考你的看法。

当对方放下这种担忧时，他们就会坦率地吐露心声，勇敢地表达自己的看法了。

当然，有时候，无论你怎样坦率，鼓励对方表达自己的看法，都无法消除对方的疑虑，他们仍然会觉得你是在做表面功夫。那么，如果你想要跟对方展开一段有意义、高质量的对话，就不能急在这一时了。不妨在接下来的相处中多给对方创建一些安全感，让对方对你多一些信任，进而逐渐说出与你不一样的，甚至是对立的观点。

敲黑板划重点

▶ 让对方发表自己的看法，沟通的主题才会逐渐深入。

▶ 先表露自己的观点，初步赢得对方的信任。

▶ 尊重、接受对方的观点，即使这与我们的观点有出入。

不做"傻瓜式选择"，成功的沟通就是要掌控对话

> 一句错误的回应可能让谈话偏离主题，一次思维短路可能引发不必要的争吵。在沟通中不要陷入非此即彼的误区，多等一等、想一想，你会找到第三种更好的选择。

与朋友聚餐时，有人问你要喝点什么："你是喝啤酒还是喝橙汁呢？"你会怎么回答？回答"啤酒""橙汁"，还是"水"？

在一次读书交流会上，有人的发言令你感到很反感，你觉得对方说得不对。此时，你是会选择直接指出对方的错误，还是接受对方的观点呢？抑或是选择性地接受？

也许此时你的回答会五花八门、不拘一格，但当你真正置身于这样的沟通情境之中时，你很难走出这种二选一的桎梏，往往会局限在这两个选择中。即使这两个选项都并非如你所愿，你还是会傻傻地选择其中一个。

其实，很多事并非都是非黑即白的，在沟通中更是如此。我们不必让自己陷入非此即彼的选择困境中。跳出原来的思维看问题，你就会发现除此之外并非别无选择，你很可能会找到

一个两全其美的解决方式，将沟通掌控在自己的手中。

从根本上来说，这种非此即彼的"傻瓜式选择"是一种妥协，也是一种不愿动脑的表现。真正善于沟通的人不会做出这样的选择，当你给他提供了 A 和 B 两个选项后，他很可能会想出一个 C。那么，在沟通中，我们应该如何避免做出这种"傻瓜式选择"，做一个聪明人呢？

1. 对比说明，排除非此即彼的选择

对比说明，指的是在沟通中明确自己的真正目的，通过清楚地认识"想"与"不想"来认清自己的内心想法，从而避免思维限制而做出"傻瓜式选择"。

在一次教学研讨会上，初中教学组的几位教师就教学课程改革发表自己的看法。其中有位年龄较大的教师，仗着自己经验丰富，在发言时十分偏激，号令大家都听从自己的意见。

有位新上岗的教师，秉承着"教育面前，人人平等"的原则，主动发言表达自己的看法。老教师觉得他说得不对，便直接打断了他的发言。结果这位新教师不仅没有停止发言，反而还毫无顾忌地指出了这位老教师发言中的不妥之处，还说他"年龄太大，跟不上时代了"。

两个人你一言我一语地吵了起来。会议室里的其他教师面面相觑，不知如何是好。

其实，这位新上岗的教师就是被情绪困住了头脑，选择了一条下下策。在他的意识中，自己当时只有两个选择：一是停下来，承认自己说得不对；二是反驳对方，继续按照自己的想法说下去。在这种思维短路的情况下，他没有跳出这种非此即彼的错误的心理模式，从而使沟通走向了下坡路。

当我们遇到这种情况时，可以通过对比说明的方式避免做出让自己后悔的选择。在进行对比说明时，我们要明确两点：

（1）我说明的目的是什么

明确对话的目的，会让人保持一定程度的理性。比如是为了让别人理解我的观点，为了让我们之间的人际关系变得更和谐，为了让这件事能更好地解决，等等，那么争吵或者这样做（不好的选择）对达到这个目的无益。

（2）我不想出现什么状况

有人说，当你不知道自己想要什么的时候，想一想自己不想要什么，然后你就知道该怎么做了。当你在沟通中不知道应该如何解决当前的问题时，不妨想一想你不想出现什么状况：如果你这样做了，是否会带来不好的结果，是否对你不利，或者对他人不利？如果你没有这样做，你是否会受到什么不良影响？当你想清楚这个问题后，就不会那么冲动地做选择了。

2. 找到第三种选择

要避免做 "傻瓜式选择"，但还应提供一种让双方都能接受的新选择，即思考 "如何做才能达到自己的说明目的，又不会出现那些不良状况"。比如在上面的案例中，那位新上岗的教师就可以思考："有没有一种办法既能够让我解决问题，又不会冒犯到这位老教师？"——我可以先听他说完，再继续说／我可以委婉地打断他，让他等我发言完再提出异议／我可以……

其实，很多时候我们并不是没有选择，只是当时太冲动，没想到而已。所以，当谈话中遇到瓶颈时，不要急着做出非此即彼的选择，等一等，也许你就会豁然开朗，使话题仍然握在自己的手中，从而掌控谈话的节奏。

敲 黑 板 划 重 点

▶ 沟通不是一道二选一的选择题，你可以有其他更好的选择。

▶ 想一想你想要实现的目标与不希望发生的状况，做出理性的选择。

第七章
问对问题，当心陷入提问陷阱

　　我们毕竟不是对方，有时无法瞬间领会对方所表达的意图，此时，为了快速地获取回馈，了解对方的想法、感受等，我们就需要用到提问。

　　提问可以帮助我们进一步拓展话题的深度，将原本不清楚、不明白的事情搞清楚、弄明白。但提问也有技巧与禁忌。提问得当，谈话自然会朝着我们预想的方向发展；但若提问不当，话题就很可能因此而终止，双方的关系也可能因此蒙上一层阴影。所以，掌握提问的技巧，问正确的问题，才能推进谈话的进程，使其朝着好的方向发展。

直接提问，抓住谈话核心使双方建立联系

> 直接提问可以将沟通双方思考的内容快速地建立起联系，使彼此之间都能更好地明确对方的意图，得到确切的答案。

请你体会一下以下两种问话方式：

第一种：方才听课期间，脑中突然冒出一个念想，我瞧着这天阴沉沉、闷乎乎的，倒搅了几分胃口，真真儿叫人闹心。也不知这鬼天气该用点什么才清爽些，可不能自个儿怄着耍起小性儿来，负了君恩呐！您说是不是？

第二种：今天中午吃什么？

如果你是接话的人，你更喜欢哪种提问方式呢？第一种提问方式很风趣，但未免不够接地气，不够直接；而第二种说话方式很直白，很容易理解，能够让人迅速了解对方的意图。

如果你与对方很熟悉，想要与对方开个小玩笑，活跃一下气氛，使用第一种提问方式没有什么问题。但若是你想要与对方进行深入沟通，那么第一种提问方式就未免太过委婉；即使

对方嘴上没说，心里肯定也在不停地让你"说人话"。

直接提问很容易令人理解，也很容易得出一个最直接的结果，是最省力的一种沟通方式。通过一问一答，谈话会由浅入深地发展，双方也都能更好地做出判断。

常见的直接提问的方式如下：

◎你提到的这个是什么意思？

◎为什么会这样？

◎这次的情况和以往有什么不同吗？

◎然后怎么样？这个问题怎么解决的？

◎可以举个例子吗？

◎你对这个问题还有什么不同的见解吗？

◎这种情况你怎么看？

当你简单直白地提出这些问题后，相信对方会直接回答你，表达自己的意见、想法，而非故弄玄虚。然后，你们就可以围绕谈话的主题各抒己见，继续探讨，深入地交流下去。

反之，如果你一直使用"甄嬛体"与人交流，对方很可能会"以其人之道，还治其人之身"。双方在经过几个回合之后，还是无法理解对方的真正意图，无法抓住谈话的核心，导致谈话无疾而终，或者偏离主题。

当然，直接提问也要根据具体的谈话情境而定。直接提问并不代表一点弯儿都不绕，如果你要问的问题会伤害对方，或者是对方比较敏感的话题，那么，委婉一点才能让沟通更符合你的发展预期，不至于惹恼对方。

敲黑板划重点

▶ 直接提问，能让你快速地抓住谈话的核心，与对方所表达的内容快速建立起联系。

▶ 提问要直接，更要分清情境才不伤人。

机智提问，用恰当的问题聚焦共识

> 当对方表达不清，或是你无法很好地理解对方所说的话时，提问就是帮助你弄懂的一个好办法。通过提问来加深彼此的理解，双方更容易达成共识。

在沟通中，很多时候我们想要表达 100%，但很可能只说了 80%，而对方只接收到了 40%。同样，对于对方想要表达的内容，由于表达不清，或是我们理解不透彻，往往也需要进行再次交流。而提问无疑是帮助我们厘清头绪、达成共识的契机。

当面交谈虽然不像聊天软件一样，会把我们说的话用文字或者表情记录下来，但是说出来的话也应该是以之前的对话为背景和前提的。如果你在与人交谈时突然蹦出一句没头没尾的话，恐怕只会让人觉得莫名其妙、不知所云。因此，在提问时，我们应该以之前的对话内容为基础，通过提问来使谈论的话题更明确、更深入。

通常来说，针对我们在沟通中可能出现的谈话阻碍，我们可以采取以下提问方式：

1. 理解不清，用追问来增进理解

很多时候，沟通并不都是一步到位的，我们需要在反复的交流中逐渐理解对方想要表达的内容，读懂对方的意图。而且有时候，对方自认为已经表达得很清楚，但我们还是会像丈二和尚一样——摸不着头脑。此时，为了更好地推进沟通，我们只好通过追问的方式来增进理解。

在一场新产品发布会上，一位经理就这款产品将会占据 30% 的市场份额发表了讲话。由于他讲得有些模糊，虽然说了一大通，但人们听得还不是很明白。

有人便就此发问："刚才您讲得很好，但是我还是不太明白，您是怎么得出 30% 这个市场份额的呢？您得出这个结论的理论基础是什么？"

在这样的追问下，这位经理只好删繁就简地又讲述了一遍。这一次，大多数人都点了点头表示明白了。

一般来说，当对方讲述的内容不完整或者我们没有听明白时，我们都可以采取追问的方式，让对方再次进行解答。但在追问时要注意，不要问与之前一模一样的问题，即使你想要让对方说的内容差不多，也要换一种问法，以免对方不耐烦。

2. 关注主题，走出答非所问的圈套

在沟通中，不是每个人都会乖乖地回答你提的问题，有时

候，由于没有准备或是不好回答等，人们会避免作答或者转移话题，导致我们提出的问题石沉大海，杳无音信。如果你被对方的回答带偏了，那你只会离自己的沟通目标越来越远。

如果这个谈话主题并不犯对方的忌讳，不是谈话的禁区，那么我们就应该继续关注这个主题，通过提问让对方重新审视一遍这个问题。如："我明白您的意思，但我还是想知道，您对这个问题（××主题）是怎么看的？"

> 甲："听说你最近在读《基督山伯爵》这本书，你对其中哪些内容印象深刻呢？"
>
> 乙："这本书确实值得一读，很多内容都引人深思。"
>
> 甲："你说得对，我很同意。但是，我还是想知道，哪些内容更令你有感触？"
>
> 乙："我觉得读书不在于多少，关键还是看自己的领悟吧。"

如果与你谈话的另一方也像上述对话中的乙一样一直回避，那你也不应该继续深究，也许对方有什么难言之隐。若你总是不依不饶，恐怕会给对方留下负面的印象，不仅影响此次交谈，也不利于构建良好的人际关系。

3. 借用关键词，再次提问

为了让谈话更贴近主题，让双方之间谈论的内容更紧密，可以借用对方谈论的关键词来进行提问，这样可以使讨论的内容更连贯。

例如，两个人就传统文化应该越来越受到重视进行讨论，当对方谈到传统文化是一个国家精神文明的象征时，你就可以提问："您说传统文化代表国家的精神文明，那么我是不是可以这么理解，我们对传统文化的重视程度提高，就代表我们国家的精神文明层次也有所提升呢？"

通过提问来逐渐加深对谈话内容的认识，使谈论的话题越来越深入，双方之间越来越理解彼此的立场、想法，也更容易达成共识。

敲 黑 板 划 重 点

▶ 追问话题，让理解更清楚。

▶ 关注主题，别被答非所问的回答牵着鼻子走。

▶ 运用对方谈论的关键词提问，让谈话更深入。

运用开放性提问，让交谈更进一步

> 开放性提问能引发对方的内心所思，集中对方的注意力，使其慎重地思考。在运用开放性提问时，最重要的是要表现出尊重对方的意愿，从而更好地理解对方的需求，使交谈更进一步。

所谓开放性提问，指的是提出比较广泛、概括、范围较大的问题，对被询问者回答的内容不进行严格的限制，给对方充分自由发挥的空间与余地，使提问不显得唐突。

——整天在家里玩电脑游戏，你不觉得无聊吗？

——你对打游戏是怎么看的？

这两句话给你的感受一样吗？相信当你听到第一句问话时，少不了会有些反感情绪；当听到第二句问话时，会认真地思考一番，并积极地做出回答。

这是因为，第一句问话看起来虽然是在询问他人的意见，但是问话者本人已经心存偏见地将玩游戏与无聊挂钩，已经在心中为这种行为下了一个定义。而第二种问话方式则具有开放性，问话者没有表露出自己的主观意图，而是最大限度地为对方提供了回答机会，让对方有一种"对方尊重我"的感受，从而能引起对方慎重思考，认真对待这个问题。

也就是说，开放性的提问可以帮助我们收集更多信息，获得一些无偏见的回答，让我们更透彻地了解对方的感觉、顾虑、动机等，从而更好地走入对方的内心世界。

开放性的问题涉及广泛的对话，以及没有拘束的讨论，不会将谈话限定在某个方向上，从而为对方的回答提供了无限可能。开放性问题不会直接让对方做出"是"或"否"的回答，而是给对方充足的自主权。那么，我们应该如何运用开放性提问来增加交谈的深度呢？

在一场高质量的沟通中，我们要根据对方的表述或回应来决定自己将要问的问题，而不是生硬地将准备好的问题一个个套进去。这就像你准备了一件看起来很漂亮的衣服，但并不适合对方。有时候，虽然你准备好的问题很全面，但在这场谈话中未必合适。因此，只有从对方的话中找到提问的点，一步步地探究事实真相，才能帮助我们更好地进行谈话。

具体来说，我们可以从以下两点来开启开放性提问：

1. 将对话的内容补充完整

在沟通的过程中，人们总是习惯省略一些内容，有时候是无意识地省略了对方并不知道的内容。此时，我们就可以设计开放性的问题，让对方通过回答将其补充完整。例如：

◎我真的很烦躁。→你在担忧什么？（省略了令自己烦躁的

事件）

◎我要出国旅游了。→你要去哪个国家？（省略了地点）

◎我的同学都比我过得好。→哪方面显示他们比你过得好呢？（省略了对比的标准）

◎这里真是让我乐不思蜀了。→什么让你那么享受呢？（省略被指代的事物、人或服务）

◎我不应该去参加同学的婚礼。→如果参加了会怎样？（自我设限，忽视了另一种选择）

通过对方的谈话而提出补充性的问题，让对方在你的引导下说出更多的话，与你进行更多的交流，你也可以从容地控制整个谈话过程。

2. 在对方的话中找到提问支撑点

在对话中，我们经常会做出主观性的判断，比如觉得别人对自己不友好，担心自己在工作中会遇到困难等。当与你交谈的对方在缺乏证据的情况下假设某种情况时，你就可以通过开放性的提问让对方给出证据。例如：

◎我的这个同事太不靠谱了。→这个同事什么地方让你感觉他不靠谱？

◎我现在感觉很焦虑。→你在为哪些方面焦虑？

◎我知道他们都讨厌我。→你从什么地方看出来他们讨厌你了？

在对方的话中找到你的支撑论据，进而询问对方，让对方给出答案，从而使谈话不断深入。

　　对方针对这些问题做了回答，并不代表我们已经得到了答案。如果你还想让交谈更进一步，就可以反复运用这些开放性的提问方式，让对方深入思考后与我们进行交谈。

敲　黑　板　划　重　点

▶ 开放性提问注重尊重对方的观点，允许对方自由表达意见。

▶ 根据沟通的实时对话进行提问，交谈才更深入。

▶ 在沟通的过程中，少提对方只能回答"是"或"否"的问题。

封闭式提问，明确结论让谈话不再兜圈子

> 封闭式提问，是为了让被询问者以简单的话语做出明确的回答，从而使双方的谈话得到确切的结论，降低因为模糊表达而带来误会的概率。

所谓封闭式提问，指的是提出范围较小，答案有唯一性、限制性的问题。在提问的过程中，给对方限定一个框架，从而让对方按照指定的思路，在一个可选择的范围内进行回答，避免跑题。

在沟通过程中，我们需要用开放性的提问来了解对方内心的真正想法，让对方愿意多说，但当谈话进入尾声时，我们已经收集到了足够的信息，此时就需要得到对方明确的结论，可以与我们预想的一致，也可以与我们的想法不同，但一定要是确定的，从而为这场谈话画上一个圆满的句号。

但实际上，在沟通结束时，并不是每个人都会确切地表达出自己的想法。即使对方明白你的意图，他也可能会由于种种原因故意与你兜圈子，说些模棱两可的话，企图蒙混过关。此

时，我们就可以使用封闭式的提问，让对方明确地表达自己的观点，以减少模糊表达所造成的误会。

很多销售员就经常使用封闭式提问的方式来获得顾客的确定性结论，从而助力自己的销售活动。

> 销售员："您是要挑选一款书桌吗？"
>
> 顾客："是的。"
>
> 销售员："您是自己用，还是给小孩用呢？"
>
> 顾客："给孩子用的。"
>
> 销售员："您的孩子多大了呢？我们这里有多种高度的儿童书桌。"
>
> 顾客："他今年6岁了，马上要上小学了。"
>
> 销售员："您看一下这款书桌怎么样？"
>
> 顾客："不太好。"
>
> 销售员："您不喜欢它的颜色还是不喜欢这个造型呢？"
>
> 顾客："造型不错，不过颜色太亮了，有点儿刺眼。"
>
> 销售员："我们这里还有一款浅蓝色的。您看，这个不错吧？"
>
> 顾客："嗯，不过我觉得价格有点儿贵。"
>
> 销售员："如果其他方面没问题的话，价格我们是可以商量的。"
>
> 最后，经过双方协商，顾客购买了这款书桌。

在这个简短的销售过程中，这位销售员通过封闭式的提问，逐渐缩小了讨论的范围，直接而快速地获取了对方的意图，让对方顺着自己的思路做出了明确的回答，不给对方太多的思考时间与空间，避免了对方出现动摇的情况，也提高了沟通的效率。

在与人沟通时，恰当地使用封闭式提问可以帮助我们更好地聚焦于谈话的主题，让交谈直达目的。但若使用不当，或是运用过多，就很可能让人感到被质问，产生反感情绪。

在使用封闭式提问时，我们要注意以下两点：

1. 观察对方的反应

用封闭式提问来聚焦双方的谈话主题，这是谈话的最后一步。但当你就一个问题经过多次询问后，对方依然模棱两可，不做明确的回答，那么你也可以帮助对方下个结论。比如："关于这件事，我们可以这样理解，是吧？""经过此次谈话，我们应该达成了一致意见吧！如果你没有异议，我就当你默许了。"

此时，如果对方有不同的意见，他们会尽量说一些，也许还会使用那些含糊其词的语言。如果你再次或多次追问后，对方还是支支吾吾，不肯给一个明确的答复，那么他很可能是在隐瞒着什么。此时，要结束话题还是要继续开启下一个话题，就看你的沟通目的以及你们之间的关系如何了。

2. 打破以偏概全的绝对化表述

有些人在与人交谈时经常会使用极端化的词汇，比如"总是""绝对""肯定""从没有""一定"等。当对方信誓旦旦地向你说明时，其实这很可能是他的习惯用语，对方甚至都没有认真思考这些词所代表的真正含义。因此，用开放性的提问打破这种以偏概全的绝对化表述，也是我们可以询问的方向。例如：

◎没有一个人能真正理解我。→真的一个都没有吗？

◎他总是迟到。→难道就没有一次不迟到的吗？一次例外都没有吗？

◎我发言的时候有人在笑，一定是在嘲笑我。→别人在发言的时候，你笑过吗？是在嘲笑对方吗？

运用封闭式提问，将对方的思维限定在一个特定的框架内，更有助于对方排除杂念与干扰，更快地做出回答，推进谈话。

敲 黑 板 划 重 点

▶ 封闭式提问有助于收窄谈话的范围，强化认知。

▶ 封闭式提问，让结论更明确，不再模棱两可。

别让不妥的提问阻碍了沟通

> 问题提得恰到好处，沟通才会更有深度。如果提问不当，很可能使一场沟通瞬间中止。当心提问的陷阱，问出对的问题，才能对顺利沟通有所帮助。

在与人沟通的过程中，你提出的问题是否妥当？有没有一个问题点，你应该追问下去，却被你忽视了？有没有一个问题，你因为提问方式不当而受到了对方的指责呢？不可否认，在提问时我们也会犯错，陷入某些陷阱，从而影响谈话的进程。

问对问题，对方才愿意与我们积极地交谈，我们的谈话才会逐渐深入人心。如果对方不愿意回答，总是回避你的问题，那么很可能是你的提问不当导致的。换一种提问方式，换一个问题，说不定原本支支吾吾、躲躲闪闪的对方就会展现出侃侃而谈的另一面。

在沟通中，常见的不妥提问主要有以下几种：

1. 将主张当作问题

有些人会将自己的主张当作问题进行提问，希望对方能给予一个回答。可是实际上，他这个问题已经将自己的想法表露了出来，很容易给对方一种"中了圈套"的感觉，甚至还带有几分嘲讽的意味。例如："外面下雨了，你不打算收衣服吗？""你开车时，脾气一定要这么暴吗？"

如果有人这样对你说话，相信你也会感到不舒服吧！这样的提问看似是在提问题，但实际上是在提要求，是在表达自己的主张。显然，这不利于谈话朝着一个良性的方向发展。因为，当我们用这种方式进行提问时，对方会将聆听的焦点放在你的不满与批评上，而忽略了问题背后的心理诉求。

其实，只要稍微变换一下方式，就可以让提问帮你达成目的。例如："外面下雨了，你可以收下衣服吗？""你开车时，可以稍微控制一下自己的脾气吗？"

要谨记，在谈话中，不要将自己的主张当作你们的共识，也许对方并不同意你的观点。

2. 盘问对方

我们在沟通中之所以要提问，主要就是为了了解对方，而不是要说服对方。所以，提问不是盘问，不要总是对对方的观点展开攻击。例如："你似乎并不承认这是你的责任，而是怀疑有人故意在使坏，是吧？""你说这个工作任务无法在一个月内完成，但是为什么小林就按时完成了呢？"

在沟通的过程中，我们的目的并非让对方出丑，或是否定对方，而是要与对方一起思考、讨论，了解对方对某些观点的看法、反应。所以，即使对方说错了话，犯了什么错误，我们也不应该以一种居高临下的质问态度与对方交流，这样的提问在很多时候只能起到相反的作用。对方或者沉默不语，或者敷衍应承，或者与我们对着干，等等。不论是哪种情况，对于促进谈话都毫无益处。

所以，你不妨这样问："我明白你已经全力以赴了。但是小林在规定的一个月内完成了任务，这毕竟是事实。你觉得呢？"

3. 提问过于绝对化

提问也要给对方留个台阶，不能过于绝对化，以免让对方觉得你是在找麻烦。当对方频繁地眨眼、左顾右盼、回避视线接触、音调忽高忽低时，很可能是缺乏安全感，想要逃出当前的氛围。此时，我们需要先安抚对方的情绪，然后再邀请对方说出自己的想法，使沟通可以继续下去。

例如："也许是我太过杞人忧天了，想法难免有些片面。对于这些问题，你怎么看？""这一批次的产品的交货时间比预期的延误了一周，是遇到什么困难了吗？"

4. 强迫对方作答

在沟通过程中，你有提问的权利，别人也有拒绝回答的权利。不管沟通的对象是你的亲人、朋友、同事还是领导，他们都有选择是否回答的自主权。所以，不要期待着每个人都会回答你的问题，就算对方没有马上做出回答，也许经过短暂的思考后，他们会给你一个满意的答复。

而且，如果你对他们的拒绝并没有表现出不悦等情绪，他们会对你更加信任。而如果你强硬地要求对方回答你的问题，那么很可能会激起对方的反抗，使沟通转向失败。

提问在沟通中扮演着重要的角色，如果你对谈话确实有疑惑，可以提问题，但是不要试图将自己的主张灌输给对方，也不要强迫对方回答你的问题。如果你没有问题，那就不要勉强发问，毕竟"多做多错"也是有一定的道理的。如果你要提问，一定要避免这些提问陷阱，问出对的问题，让双方都享受谈话的过程，让沟通可以顺利进行下去。

敲 黑 板 划 重 点

▶ 你的主张未必也是别人的主张，不要想当然地提问。

▶ 提问不是盘问，不要总想着攻击对方。

▶ 问问题不要太绝对化，委婉点，给对方一个台阶下。

▶ 你可以问，对方也可以不答。

第八章
消除隔阂，别让沟通止于冲突

在沟通过程中，出现冲突是在所难免的。无论你是逃避冲突，还是正面面对，都不利于问题的解决，反而会使冲突变大，给沟通带来更大的困难。

采用温和的交流方式参与对话，不拒绝、不敷衍，跨越自己的心理障碍，修复安全的对话氛围，掌控好自己的情绪，与对方进行良性的互动，随着沟通的顺利展开，双方之间的芥蒂会逐渐消除，冲突也会逐渐消失。

就事论事，承认冲突才能化解冲突

> 冲突会带来压力，同样也会带来正面的影响。在遇到冲突时不逃避，发现问题，尽力找到可能的解决办法，冲突自然也就无法掀起什么大的风浪。

　　一个假期来临，你抱着"世界那么大，我想去看看"的心态，而你的另一半却只想待在家里，你们的诉求无法达成一致，于是出现了矛盾；工作中，你强调质量高于效率，而老板则更关注效率，但这份工作的性质决定保质与保效是此消彼长的关系，于是你与老板发生了冲突。

　　在人际交往中，由于双方的想法、沟通方式不同，冲突是在所难免的。如果人们都积极地面对问题，解决冲突，也许经过一场交流，冲突就无影无踪了，从而使人际关系得到改善与加强；但人们往往更善于并习惯于回避冲突，似乎装作看不见冲突就不存在一样，而这些冲突得不到解决，便逐渐恶化、升级，甚至会成为压力与痛苦的来源。

　　对我们来说，冲突就是"你看，或者不看我，我就在那里，不离不弃"。逃避不是办法，一味地逃避，只会让"房间里的小象"长成"大象"。我们要承认冲突的存在，并直面冲突、解决冲突。当然，直面冲突不代表要对他人咆哮，或是在背地里耍阴招，而是要将双方的问题拿出来讨论，用双方都能接受的方式将问题解决。而在化解冲突的过程中，采用温和的对话方式更容易被对方接受。

一般来说，双方之间的关系越紧密，冲突中的核心问题就会越多，冲突的重要程度越高，对人际关系的影响也越大。因此，认识冲突，学习应对冲突的策略就显得尤为重要。

在发生冲突时，人们经常会给对方负面的评价，甚至心怀恶意地伤害对方。有些人在冲突发生时也会封闭自我，使有效的沟通难以展开。这些做法只会使双方受到的伤害越来越深，进而导致关系破裂。因而，试着平静下来，就事论事地分析问题、处理冲突，才能打开谈话的大门，在沟通中消除彼此之间的隔膜。

具体来说，就事论事地化解冲突要注意以下几点：

1. 客观地看待冲突

处在不同的位置上，看待问题的视角也会有所不同。我们应客观地看待冲突，不要因为对方不认同自己的观点，就觉得对方是在故意找事儿。

就事论事在很多沟通场合中都能起到建设性的作用。比如，在企业中，就事论事可以提高工作效率，增进上下级与同事之间的关系。有研究表明，职场中的人际冲突主要集中在以下方面：

表 8-1　主要的职场中的人际冲突

职场人际冲突	占比
个性分歧	86%
领导不力	73%
缺乏公开性	67%
身体和精神压力	64%
价值观不同	59%

在工作中遇到分歧时，就事论事地进行分析，对事不对人，将讨论的焦点放在工作本身，避免攻击他人，这样才有助于工作的顺利开展。如果着力于攻击他人，既会使双方的关系破裂，也会导致工作合作越发困难。

2. 允许对方表达观点

有些电视剧中有一种令人啼笑皆非的对白：

"你连一句解释都没有吗？"

"好，你听我说。"

"我不听，我不听！"

看到这样的桥段，我们不免会发出一声嘲笑，觉得他们真是无聊。但在实际生活中，很多人也会表现出类似的行为。当他们知道对方的观点与自己不同时，会觉得对方说的都是没用的话，很可能就禁止对方开口，或者在对方表达自己观点的过程中打断对方。

　　每个人都有表达自己观点的权利，允许他人完全陈述自己的立场、观点，你就能知道对方的关注点在哪里，与你的观点有哪些相同与不同之处，从而可以找到一个切入点，与对方进行一番深入交流。所以，保持一颗平常心，尊重对方的观点，肯定对方的可取之处，或许你会找到一种令双方都满意的解决分歧的方式。

3. 强调共性

　　当冲突存在时，不仅你会对对方心生敌意，对方也会对你心生敌意。因此，当你在表述自己的观点时，要注意消除对方的防范心理，强调你们观点的共性。先求同，让对方认同你，然后再说出你与对方观点的不同之处，使沟通不会夭折。

4. 避免情绪化

　　情绪化的沟通只会在双方之间建立起一道屏障，让沟通难以继续。不论你是否赞同对方的观点，在表达你的看法时，都应该避免情绪化，不要用过高的嗓音冲着对方喊，更不要在言语中夹杂粗鄙的字词，以免让人感到被冒犯，导致沟通无疾而终。

　　冲突不是沟通中的死结，更不会无故消失。在发生冲突时不要逃避，客观地看待冲突，用恰当的方式化解冲突，才能让沟通起效。

敲 黑 板 划 重 点

▶ 冲突不会因为你的逃避而消失。

▶ 要化解冲突，就需要客观地看待冲突。

▶ 即使"道不同"，也要保持自己的修养。

警惕生硬的语言"炸弹"，预防冲突危机

> 　　我们无法让天不下雨，但是我们可以让自己少淋点
> 雨。冲突也是如此，我们可以通过自己的努力，避开那些
> "阴云地带"。

　　比较下面这两段话：

　　"现在你的问题是，你不知道该怎么做一个好妈妈。不论你的孩子做错了什么，你都不去惩罚他们。"

　　"在我看来，现在的主要问题是，当孩子表现出某些行为时，我们应该如何教育他们。你觉得呢？"

　　如果有两个人分别对你说了这样一段话，你会是什么反应？相信很多人在听到第一段话时会火冒三丈，十分气愤，甚至引发冲突；而在听到第二段话时会心平气和地寻求建议与帮助。

　　在与人沟通的过程中，冲突并不是必然会发生的。而我们说话的内容与方式在一定程度上会影响冲突发生的概率。有时候，一些无意识的口头禅都可能成为阻碍双方沟通的障碍。警

惕这些生硬的语言"炸弹",才能让冲突危机化解于无形。

在与人沟通时,我们要注意以下几点:

1. 化否定为肯定

"你不懂""你说得不对""不是这样的""肯定是你弄错了,听我的没错"……你身边有没有总是这样说话的人呢?他们总是否定对方,争夺沟通中的话语权,仿佛别人都是傻瓜,什么都不懂,而只有他说的是真理。这样的否定话语只会让别人对他退避三舍,使沟通陷入僵局。

如果你也经常说这样的话,那你就需要反思一下了。因为当你说出这句话时,对方会有一种"我被当成傻瓜了"的消极想法,而为了消除你的这种偏见,争吵就在所难免了。

如果你觉得你要说的事情比较复杂,听起来可能会有点绕,那也没关系,但是你不应直接对对方的理解能力下判断,更不能直接表露出认为对方"智商低",而应该换一种表述方式。比如:"这个问题有点复杂,我希望我能解释明白……"即使对方没有听明白,也可能是因为你没说清楚,不要将沟通的失败推到别人身上。

如果有人拿这些话来打发你,你可以坚持说:"不,我会明白的。试试跟我说一说,我认为我能提供帮助。"

2. 化模糊为清楚

"他辞职可能是因为公司要求加班""我可能还需要一点儿时间完成这份工作""随便吃什么都行""我还是先看看再说"……

"可能""随便""都行""再说""不好说"等，这些模糊的词语经常变成人们逃避责任的借口，而且给人一种不值得信任的感觉。此外，在与人沟通中经常使用这些词语，很可能无法让对方准确了解你的想法，使其将自己的预设强加到你身上，在对方以为达成一致时又引发分歧。

如果你无法当时就给出一个准确的回答，不妨用完整的话来清楚地描述你的想法，表达你的立场。如果你对正在讨论的问题也心存疑惑，不妨提出来，让别人加入讨论，从而使你们都能想得更深入、更全面，避免因为误解而引发冲突。

3. 化简短为完整

"好""行""知道了""不清楚""好吧"……你有这种惜字如金的语言习惯吗？这种简单的表述往往会给人一种敷衍的感觉，让人觉得你不愿意交谈。

虽然你有沟通的意愿，希望跟对方继续交流，但对方并不知道你的想法，当你总是这样回复对方时，对方很可能会失望，不再积极地与你沟通。而且，这种简短的表述所传递出来的信息也太过模糊，不利于双方接收更多的信息，建立互相信任的关系。

所以，在沟通中，尽量清楚完整地表达自己的想法，展现你的沟通诚意，不要总是表现出一种与我无关的态度，这样才能让对方愿意与你谈下去。比如："这件事我真的不知道，怎么会这样呢？""不清楚啊，这有什么问题吗？""我也不知道，容我想一想……"

敲⟡黑⟡板⟡划⟡重⟡点

▶ 改善说话的内容与方式，会降低冲突发生的概率。

▶ 你对对方的否定，很可能成为引发冲突的导火索。

▶ 精准表达不是简单地敷衍，把话说清楚、说完整才是
关键。

修复安全氛围，用真诚的道歉消除芥蒂

> 在冲突发生的那一刻，谈话的安全氛围就已经被打破了，双方的心中也都竖起了一道屏障。而真诚的道歉是修复安全氛围、消除芥蒂的有效手段。

在沟通中发生争吵或分歧时，如果双方都固执己见，僵持不下，沟通就很难继续。如果一方能够主动道歉，表示出自己的懊悔，并不再将这次的冲突归咎于他人，那么便能顺利地解决冲突，让暂停的对话得以继续。

有些人对道歉的认识存在一些误区，觉得向别人道歉就预示着自己低人一等，在其他方面就要忍气吞声，使自己陷入了被动的局面，于是"对不起"这三个字挂在嘴边却怎么也说不出来。还有的人虽然嘴上说着"对不起"，但心中却觉得这并非自己的责任，他们的潜台词是："我说'对不起'只是为了让你的心里舒服一点，接下来我们就谈谈你理解有误的地方。"

无论是以上哪种处理方式，都不算成功的冲突应对策略。道歉不应仅仅是一种形式，而应让自己克服心理障碍，使双方

都能冷静下来，共同寻找解决方案，从而消除双方之间的芥蒂，使沟通逐渐深入。

道歉要想有效，就需要真心实意。一次有效的道歉意味着你能对自己负起责任，克服心理障碍，也意味着你可以肯定对方的想法，平复对方的心情，并将注意力集中在对方内心深处的目标与价值观上。

下表比较了真心实意的道歉、有保留的道歉与毫无歉意这三者之间的区别：

表8-2 三种道歉程度的区别

	真心实意的道歉	有保留的道歉	毫无歉意
内容	承认事实，承认造成的伤害，明确说明自己对他人的冒犯	暗示自己的冒犯，缩小影响，争论事实	为自己的行为辩护，对事实和所造成的影响激烈争论
是否担责	承认错误，承担责任	找借口，责怪环境或第三方	不承担责任
是否明确道歉	明确表示懊悔	做出懊悔的姿态	不道歉
是否弥补伤害	主动弥补伤害，希望能够补偿	有条件地弥补伤害，补偿经常难以到位	质疑对方的动机
对未来的承诺	对未来做出新的承诺	有条件地承诺	明言还会做出同样的冒犯行为

　　真心实意的道歉可以为双方的关系带来积极的影响，就像一个分界点，让人有重新开启沟通、继续进行讨论的意愿；有保留的道歉是一种典型的"心口不一"的表现，道歉者脑中想的是"抱歉，你将这件事理解成了……但这不怪我……"，这种道歉是无效的，而且往往会引起对方的反感，造成更大的冲突；毫无歉意的行为往往会使双方的争吵愈演愈烈，使谈话陷入绝境。

　　要做出真心实意的道歉，可以在词句上做一些修饰，并非要靠"对不起"来挽回局面。例如，你可以采取以下说法：

　　◎"我想跟你谈谈刚才那个话题。我现在意识到，我刚才的表现过于冲动，这并不符合我的预期。"

　　◎"刚才我说……实际上，我想要表达的意思是……"

　　◎"很抱歉，我采用了这样的方式来沟通。我希望我们能换一种方式继续交流。"

　　◎"我发现，我这么做产生了很多不好的影响。希望我接下来的表现不会让你失望。"

　　◎"以后，你完全可以相信我。如果你觉得我的行为有退回到旧习惯的倾向，请一定提醒我。"

　　当冲突发生时，如果你任由它随意扩大，就是主动放弃了与对方深入讨论的机会。如果你无法接受自己犯错的事实，那么也就很难接受对方观点中合理的部分，无法真正地投入有意义的谈话。通过真诚地道歉，修复安全的沟通氛围，消除双方的芥蒂心理，才能使暂停的谈话继续进行，走出沟通不畅的陷阱，使沟通有深度、有意义。

敲 黑 板 划 重 点

► 只是嘴上说"对不起"的道歉很可能是无效的。

► 道歉要想有效，就需要真心实意。

► 用一些词句修饰，真心实意的道歉更容易令人接受。

别因情绪而失控，跳出高难度沟通的僵局

> 情绪本身不是问题，当情绪来临时，我们应该弄明白发生了什么，然后解决它，而不是任由情绪发展，或者视而不见，以免情绪失控给沟通带来阻碍。

另一半因为饮食不如意而对我们屡屡指责，领导给我们布置了额外的工作任务，朋友将我们的秘密偷偷告诉别人……不满的负面情绪在悄无声息中滋长，使原本的对话变得紧张，此时我们便无法进行正常沟通。

其实，情绪本身并无所谓好坏。积极的情绪会让我们变得大度，不再纠结于一件于己不利的小事；而消极的情绪很可能会让我们对他人不再心存善意。当负面情绪得到合理的控制与引导时，它就能够为人际关系的良好发展提供机会，为深度沟通提供保障。

情绪不是冲突的根源，而是一种信号，帮助我们看清整体的局面，只考虑冲突而不考虑相关的情绪，往往会使沟通适得其反。当负面情绪占据大脑，人们处于压力的情境之下时，大

脑会自动将焦点窄化，压抑其他信息的运作，导致我们只看自己想看的、只听自己想听的。当大脑认定这个想法后，就会朝着惯性方向思考，很难改变对他人的认知，并在沟通中引发一些不必要的误会。

因此，我们要认真地对待情绪，但不要被它的强大力量困住。告诉对方你的感觉，让对方了解你当前的状况，然后共同想出解决方案，才能快速跳出高难度沟通的僵局。

具体来说，当负面情绪冲击你时，你可以采取以下方法来应对：

1. 完整地表达情绪

情绪需要被表达出来，没有表达的情绪就像开封的碳酸饮料，虽然表面看上去波澜不惊，但实际上，摇晃几次便会喷涌而出。很多未说出口的情绪会在谈话的过程中逐渐积累，直至爆发。而且，不将自己的情绪表达出来，人们会将注意力聚集到自己身上，反复纠结自己的情绪、事情，而无法很好地倾听对方的表达，从而导致沟通不畅。

在进行沟通前，完整地表达自己的情绪，即使不能使问题得到解决，也可以避免矛盾激化，从而消除引发双方冲突的因素。所以，开诚布公地表达自己的情绪，对对方多一分信任，更容易实现高效沟通。与其说："你快把我逼疯了，我知道自己该做什么，你不要再啰唆了。"不如说："我知道你是关心我，但是我已经是个大人了，我知道自己应该做什么，请你相信我，给我一些时间，好吗？"

即使你们立场不同，观点有分歧，你也可以让对方理解你的善意，让对方了解你当下的心理活动与实际状态，从而为你们的谈话指出一条光明的道路。

2. 从旁观者的角度观察自己

人在情绪激动的时候，讲逻辑是行不通的。情绪当头的人会表现出与平时不同的一面，而且他们很少能意识到自己此时的不同。当我们受到情绪冲击时，同样会陷入这样的认识误区。

因此，从旁观者的角度观察自己是很有必要的。花一些时间，想一想自己在沟通时是否过于激动，对方所谈的内容是否表现过激，是否让对方产生了不适感等。当你意识到情绪一直都在，并开始处理这些情绪，那么你与他人之间的互动、沟通也会变得简单起来，冲突也就不会因为情绪失控而再次扩大。

3. 不要主观臆断

沟通是要让双方都将自己的观点表达出来，而主观臆断会影响人们接收的效果。在负面的情绪状态中，人们很容易攻击他人，通过指责、否认等行为来保护自己。可以说，这是造成沟通障碍的最大"地雷"。

夫妻双方商量中午要吃什么。丈夫想要吃馒头，妻子则想要吃米饭。由于上一个星期每天中午都吃馒头，妻子已经十分不满，听到丈夫还要吃馒头，妻子瞬间就炸了。

妻子冲着丈夫吼："你就是故意跟我唱反调是不是？你

就是故意的，你不爱我了。"

　　丈夫感到莫名其妙，他不知道自己哪里做错了，一脸茫然地看着妻子。

　　其实，"午饭吃什么"只是一个简单的小问题，但是在负面情绪的影响下，再加上主观臆断，这一个小问题就上升到了"你是否爱我"的层面上，使双方都觉得自己不被理解，从而给沟通带来了困难。

　　面对争议与冲突，指责、怪罪对方很容易让我们无法看到事情的全貌，影响得出的结论。所以，不要过早地下结论，根据事实来沟通，不乱给对方扣帽子，也是在与自己讲和。

敲黑板划重点

- ▶ 要承认情绪，情绪本身无所谓好坏。
- ▶ 不忽视情绪，我们需要向别人倾诉自己的情绪。
- ▶ 不要主观臆断，武断地下结论，那样就是在和自己过不去。

走出冲突谬误，这样说才能双赢

> 沟通中发生冲突，未必要"兵戎相见"。将自己的观察、感受与需要用请求的方式表达出来，冲突便能得到和平解决。

人际冲突会带来压力，在发生冲突时，双方都会对彼此有更多的负面评价，互相伤害、两败俱伤的情形也不少见。于是，很多人便对冲突产生了一些错误的认识，觉得它只有坏的影响，没有好的方面。常见的对冲突的错误认识主要有以下几种：

◎时间会解决一切，冲突能避免就避免。

◎如果两人发生了冲突，就说明他们的关系陷入了困境。

◎冲突是具有破坏性的，它展现出了人们的自私、小气、控制欲、无理的期望等。

◎在冲突中一定有胜败之分，因为双方的需求互不兼容，因而无法实现双赢。

其实，冲突所带来的一个主要的好处是通过解决双方的矛盾消解怨恨，让对方更明白自己的需求。而直面冲突意味着责任与承诺，展现了对维持这段关系的意愿。

在沟通中发生冲突时，我们无意中说的话很可能会伤人，让对方伤心难过又愤怒难平，从而给双方之间的沟通带来阻碍。要想进行深度沟通，我们就需要直面冲突、解决冲突。我们可以尝试以下步骤：

1. 观察事实情况

观察事实情况是在冲突对话中实现双赢的第一步。所谓观察，指的是关注发生了什么事：别人正在做什么，我们看到了什么？然后将自己的观察结果如实地表述出来。

在这一阶段，我们要做的是客观地描述事实，清楚地表达结果，而不是对事实做评论，对结果下判断。因此，我们需要在描述的过程中区分观察与评论，以免让自己的主观意愿影响观察结果。

在沟通中，很多时候带有评论性的话语更容易引起别人的反感。请你比较一下这两种表达方式：

表 8-3　观察性的描述与评论性的描述

观察性的描述	评论性的描述
最近公司组织了三次集体活动，你每次都说有事，不能参加	你缺乏团队意识，对团队活动的配合度极低
她想找一个长得帅、学历高、工作好的男朋友	她就是要求太高了，所以才找不到男朋友

经过比较就会发现，主观的评论性描述会带有一些恶意或者负面情绪。所以，我们应多观察，进行观察性的描述，将观察结果清晰地表达出来。

2. 表达自己的感受

表达感受，就是要将自己内心的情感表达出来，即我对这些行为有什么感受，比如喜悦、开心、担忧、生气、害怕等。

要注意，表达的是情感而不是思想。比如，不要使用"我觉得自己被误解了""我觉得没有人能理解我""我觉得自己受到了别人的控制"等表达想法的措辞，而应该这样表达感受："你在课堂上没有好好学习，这让我很生气。""你忘记了我昨天说过的话，这令我很受伤。"

3. 表达自己的需要

产生什么样的感受往往是出于某种需要，将你的这种需要表达出来，别人会更了解你的关注点，从而做出对双方都有利的行为。

比如，你可以这样表达自己的需要："我每天都加班，这让我很不开心。因为我希望可以有更多的时间陪你。""你一回家就把鞋子扔到一边，我很烦躁，因为我想保持房间的干净整洁。"

直接说出你的感受与需要，对方便更有可能做出积极的反馈。

4. 提出请求

提出具体的、清晰的请求，让对方清楚我们希望他们做什么，对方才能有效地回应你的请求，让冲突不再成为问题。

在表达请求时，我们要避免使用命令的口吻，以免对方产生被强迫的感觉。比如："我希望你能把自己的物品整理好，你能帮我这个忙吗？"

在冲突沟通中，我们除了要诚实地表达自己，不批评、指责对方外，还应该关切地倾听对方，不将对方的话语解读为批评、指责自己。当双方都能够以平和的心态面对冲突时，解决冲突也就很容易了。不需要针锋相对，就可以实现双赢。

敲黑板划重点

▶ 在有冲突的沟通中，未必非胜即败，同样可以有双赢的局面。

▶ 关注事实情况，不要主观推测。

▶ 表达自己的感受与需求，比指责别人好得多。

第九章
减少沟通阻力，挣脱舒适圈的束缚

所谓"酒逢知己千杯少，话不投机半句多"。每个人都喜欢跟与自己聊得来的人交流，建立自己的沟通朋友圈，但这恰恰会限制一个人的成长与提升。

与人沟通，我们都希望能够获得一些价值，满足自己的需求，或是能对他人产生一些影响。而与那些优秀的人沟通、交往，谈论的话题很容易朝着深层次的方向发展，我们也会获得更多的感悟，得到心理上的满足。因此，走出自己的舒适圈，试着提升自我，才能更有效地促进沟通。

提升自我能力，散发积极的能量

> 自我提升是良好沟通的基础。花若盛开，蝴蝶自来。你若充满能量，自然会吸引别人与你交往，获得更多的交流机会。

通常来说，一个人的层次决定了他在社交中的地位以及他的朋友圈。虽然很多人都会想方设法结交更多的人来拓展自己的朋友圈，但实际上，真正与自己意趣相投、有共同语言的，往往是那些与自己处在同一个层次的人。所以，如果你想要拓展自己的朋友圈，结识更多优秀的人，那么首先就要提升自己。

在这个快节奏的时代，几乎人人都忙得没有闲暇时间，没有时间去与他人进行一番深入的交流与探讨。虽然获取信息的渠道变多了，但通过微博消息、公众号文章、新闻头条等呈现出来的东西大多是一个结果，或是别人经过思考而得出的结论。

我们中的大多数人在读这些内容时，只是在单纯地获取信息，没有思考，也很少质疑。这就像古人所说的"好读书，不求甚解"。而一味地求多求快，只能让我们的思想停留在浅层。

况且，很多消息还都是经过筛选的，很多时候我们只看到了别人想要让我们看到的东西，作为一名"吃瓜群众"，如果你随意"站队"，那么下一分钟就可能会被"打脸"。

与人沟通也是如此。对方不会把自己的想法全都说出来，可能会故意隐藏某些方面，诱导你朝着某个方向去想，让你产生误解；也可能会保留某些内容，让你自己去体会。而只有自己多思考，与他人多讨论，才能把问题看得更透彻，让沟通更有深度。

要想在沟通中获得自我成长，提升自我价值，可以从以下几个方面着手：

1. 精于某个方面

有一技之长，成为某个领域的专家很重要，在沟通中也同样有利。精于某个方面，才能使相应的谈论话题变得深入，使谈论的内容不再浮于表面。

不论是写作、弹琴、唱歌、画画、摄影，还是修理、炒股、驾驶、烹饪等，只要你对某个方面比较熟悉，或者掌握了一项技能，那么你就算有一技之长了。如果你觉得自己各方面都懂一点，但都不是很深入，通常来说你就跟谁都能聊得来。如果跟某方面的专家沟通，那么你的主要任务就是引导对方去说，让对方在你的引导下，拓展谈话的深度。

当然，如果你想主导某次沟通谈话，不妨从现在开始，找到自己感兴趣的方面，用心学习、研究，即使无法成为专家，也要摘掉"小白"的标签。

2. 提升思想包容度

如果有人与你有不同的意见，你会怎么看待他的意见呢？觉得他的想法是错误的，是毫无价值的，还是仔细考虑他的想法，看其中是否有可取之处呢？

沟通是为了切磋，是为了取长补短。了解对方的感受，学习自己一知半解的东西，接受对方与自己的不同，你的眼界才能不断开阔；如果你"闭关锁国"，封闭自己，觉得自己的是最好的，自己的想法是毫无瑕疵、没有错误的，那么就自然很难进步。

俗话说："一千个读者有一千个哈姆雷特。"在沟通中试着包容他人的想法，即使你无法认同对方，也可以试着理解对方；即使你无法理解对方，也可以试着尊重对方的想法。

"海纳百川，有容乃大。"提升自己的思想包容度，不要展现出狭隘自私的一面，对他人的观点多思考、少指责，别人才愿意与你交流，才有助于你们建立良好的人际关系。

3. 管理自己的能量

每个人都愿意和积极乐观的人做朋友，喜欢跟心态阳光的人交谈。这些人自带积极的能量，会给人带去温暖，让人们受到感染，获得更多的积极能量。而一个悲观消极，整天释放负面能量的人只会让人敬而远之。

管理好自己的能量，在与人交谈时释放自己的积极能量，让对方感受到你的善意与真诚，给予对方足够的情感支持，对方自然愿意跟你交谈。

　　你的价值就体现在自身的素养上。努力经营自己、打造自己，给自己贴上一个合适的标签，当你做好了自我管理后，别人自然会信任你，愿意与你交往。

敲　黑　板　划　重　点

▶ 提升自我，修炼自己的积极能量，会吸引别人主动靠近。

▶ 沟通会拓宽人的眼界，令人的想法更深刻。反过来，一个人的想法足够深刻，也会让沟通更有意义。

走出舒适区，锻炼自己的沟通能力

> 在熟悉的圈子内，人们会从容自若、如鱼得水。但这种顺境往往会禁锢人的思维，限制人的成长。因此，走出自己的舒适区，与不同的人交流，才能让讨论更有新意，与以往有所不同。

在公司聚会中，你经常会跟哪位同事交谈呢？他（她）与你的关系如何呢？在朋友的生日宴上，你更愿意跟谁坐在一起聊天呢？为什么？

通常情况下，人们倾向于与自己相熟的人交流，跟熟人沟通时，人们的心态会更放松，表现得也会更自然。从心理学的角度来说，这是一种惰性的表现。因为在这个熟悉的圈子内，人们已经习惯了这种交往模式，他们知道自己应该如何说、怎么说，而不会想着如何做才能提升自己，不用担心自己某句话说得是否恰当，在维系人际关系方面也不需要耗费太多的精力。

但是一旦走出了舒适圈，人们的表现就很可能令他人大跌眼镜。当换一种环境，或是换一个社交对象后，他们可能会产生恐惧、逃避心理，无法再继续谈笑风生。他们并非社交恐惧症患者，但是封闭的社交圈让他们的视野、思维层次都受到了限制，而走出这个令自己有安全感的圈子，他们无法掌控整个局面，就容易失控。

如果你想要拓宽自己的视野，想要与不同的人交流，那就不要安于现状，勇敢地走出自己的舒适区，结识更多的人，让自己的沟通能力在实际锻炼中得到提升。

你可以让朋友介绍一些人给你认识，也可以自己主动结识他人，比如在商务聚会或者一些研讨会上，主动与他人攀谈。当然，面对不同的人，我们不能采取同一种沟通策略，而应该适时地运用不同的沟通能力，让对方更愿意与我们交谈。具体来说，我们应该注重以下三种能力的培养：

1. 总结能力

并不是每一次的沟通都是成功的，都是令人印象深刻、回味无穷的。在与人沟通之后，我们应该及时总结、回顾整个沟通过程，看看自己在沟通内容、沟通方式等方面是否有需要改进的地方。

在讨论交流的过程中，出现了一些口误、说了一些伤人的话，除了及时弥补外，还要及时反省和总结，以便确保自己不会再犯类似的错误。

2. 接受能力

在沟通的过程中，双方的观点可能会存在分歧。我们掌握表达技巧后，会委婉地表明不同意对方的观点，注重给对方留面子，但对方未必会同样对待我们。面对与自己不同的观点，他们很可能直接指责我们想得不对，或是指出我们的不足之处，提出建议。面对他人的批评与建议，我们应该虚心接受，而不要与对方硬碰硬。

一般来说，人们的接受能力越强，沟通的态度越好，给人留下的印象就越深刻。如果虚心地接受了他人的建议，并结合自己的实际情况去调整、改变，那么在接下来的沟通中就会表现得越来越好。

可以说，每一次与人交流都是一次学习和进步的过程，也是自我调整、自我提升的途径。即使他人提出的建议并非全然正确，我们也可以"取其精华，去其糟粕"，选择性地接受，在某些方面进行调整，让自己不断进步。如果你对他人的建议或指责持忽视、排斥的态度，甚至因此攻击他人，那么你就依然处于自己的小世界中，很可能会影响自己的进步，也很难融入新的社交团体。

3. 改变能力

"我知道我很胖，需要减肥，但我既管不住嘴，又迈不开腿。""我年初给自己立了一个目标，一年要读 10 本书，现在都过去半年了，我一本书都没看完。""我深思熟虑后买了一个尤克里里，可是现在一首曲子都没学会。"……

你对这些话感到熟悉吗？很多人都曾意识到自己的问题，

但是在实施层面上却屡屡碰壁，这就是改变能力较弱的表现。

当我们意识到自己在沟通中的不足、劣势后，不要害怕改变。如果你与他人的关系陷入了僵局，你不妨主动示好，让双方的关系不再原地踏步；如果你发现自己在沟通中过于自我，不妨减少自己的表达时间，弱化自己的存在感，多听一听别人的想法。改变不应该只停留在脑中，更应该付诸实际行动。

总之，与人沟通并不是一个一成不变的过程，如果我们想要沟通有价值、有意义，就需要随时调整自己的沟通状况，让自己更适应新的沟通环境，并通过有新意、有深度的沟通来提升自己、完善自己。

敲 黑 板 划 重 点

▶ 要拥有优秀的沟通能力，就应该尝试着走出社交舒适圈。

▶ 选择性地接受，让沟通不再狭隘。

▶ 别让改变变成一句空话。

满足他人的需求，展现自己的价值

> 沟通也需要自我推销。将你的价值展现出来，让对方看到你的需求与他的挂钩。那么，你无须多言，对方自然会"缠"着你谈下去，顺利沟通也就是水到渠成的事了。

沟通的目的就是要满足双方各自的需求，如果无法满足人们的需求，或者对实现人们的需求无益，那么一场沟通就很难进行下去。

试想一下，如果一个销售人员向你介绍某种产品性能如何好，如何具有价值，功能如何强大等，那么你在大多数时候都不会感兴趣，甚至会扭头就走；但是如果销售人员告诉你这款产品会给你带来什么好处等，那么你就会有兴趣听他继续谈下去了，甚至会主动询问一些自己关注的问题。

在平时的沟通中也是如此，如果你想要引起对方继续交谈的欲望，就应了解对方的需求，向对方展示你的价值，让对方认识到你对他有用，而主动改变对你的态度，而不要试着改变别人原有的想法，让对方按照你的要求去做。

一般来说，了解他人的需求，可以让你对自己的展示更有针对性，也更有影响力。所以，在交谈时我们可以围绕"我能为你带来什么"或者"我能为你带来你想要的东西"来展开谈论，吸引他人加入这场谈话。

英国科学家法拉第在发明电动机的过程中面临着研究经费短缺的问题。虽然他知道这将会是一项伟大的发明，但是在当时的背景下，没有人觉得他的这项发明有什么实用价值，很多企业家都不愿意提供资金帮助。

无奈之下，法拉第和他的助手只好向首相求助。

在与首相交谈时，他的助手谈起了这项发明很可能给社会带来巨大的变革。但是由于首相对他们并不熟识，因此，不论助手怎么解释，首相都表现得很淡定，无动于衷。

眼见求助于首相的计划要泡汤，法拉第终于开口说话了："刚才我的助手说得很清楚，我们的这项发明可以改变人们的生活方式，人们会渐渐地离不开这项发明。而到时候，您就可以用它来收税了。"

首相听到这项发明可以带来更多的税收，立即动了心，很快便同意给两人拨款。

在与首相沟通的过程中，法拉第的助手着重于从自己的角度去讲解，没有注意对方的需求，结果所说的话并没有真正说到首相的心里去。而法拉第从首相关注税收的需求出发，说明这项发明将会带来的益处，展现了这项发明的价值，从而达到了自己的沟通目的。

由此可见，在与人沟通的过程中，进行价值呈现是很重要的一个环节，也是增进沟通效果的有效途径。

但要注意，所谓价值呈现，不是让对方知道某件物品、某项发明、某件事情本身所代表的价值，而是要告诉对方这会给他们带来什么，与你交往会给他们带来多少益处等。

比如，在面试时，很多面试官都会问："你觉得你会为公司带来什么？"而很多面试者，尤其是刚步入社会的大学生，大多会说"希望在公司获得成长""希望能学习某项技能""希望能早日帮助领导分担重担"等。他们的这种回答过于关注自身能力的提升，并没有提及面试官所关注的公司的发展，因此也就很难给面试官留下深刻的印象。

而那些有经验、会说话的面试者则会说："我会运用自己的能力和资源，拓展公司的销售渠道，让公司成为一个品牌，成为一个行业标杆，也赚取更多的利润。"当面试官听到面试者这么说时，会好奇公司如何才能盈利更多，产品如何才能提升品质等，也就更愿意与其谈及更多的内容了。而谈话越深入，面试官对一个人的印象越深，录取的概率也就越大。

不论处于哪个行业，做什么工作，人们的需求都是从自身出发的。如果在与人交流中，你可以关注到他人的需求，并有针对性地提出可以满足对方需求的事情，那么对方便会认识到你对他的价值，主动与你交谈。因此可以说，从他人的需求出发有助于展开谈话。

敲　黑　板　划　重　点

▶ 用"我能为你带来什么"开启谈话，吸引对方听下去、说下去。

▶ 展现自己的价值，让价值为自己说话。

▶ 社交为的是满足各自的需求，而沟通是协调这个需求的过程。

用好影响力法则，不动声色地影响他人

> 想要取得好的沟通结果，就需要你靠自己的影响力去征服他人。用正确的方式向他人施加影响，不仅不会让对方产生反感，而且有助于谈话的深入。

在平时的工作与生活中，我们总是要与很多人接触，给他人带来一些影响；在不同的社交场合中，我们常常需要扮演不同的角色，以便取得令自己满意的结果。不论是言语沟通，还是非言语沟通，我们都在不断地施加影响，以期别人可以改变自己的观点，做出正确的决定，修正自己的行为。

很多时候，即使你并没有刻意影响别人，别人还是会被你的言行所影响。就像在吃饭时，你点了一道自己很想吃的菜——臭豆腐，虽然别人并不太想吃，但当这盘菜转到他们眼前时，很多人会忍不住尝一尝。这就是你对他人所施加的影响的体现。

在与人沟通时也是如此，即便是你的无心之言、无意之举，也可能影响他人。因此，你要知道几下几点：

◎人们会关注你说的每一句话、做的每一件事。有时候，

人们不提，并不代表他们不在乎。

◎你的行为能带动别人采取同样的行为。

◎在影响别人时，你可以选择自己的方式。

◎你可以运用自己的言行促进或者妨碍影响力的发挥，以达到自己的沟通目的。

很多时候，沟通也是一场博弈，找到沟通成功的关键，有意识地影响他人，你便会更好地掌控沟通的节奏。想要不动声色地影响他人，你需要做到以下几点：

1. 制订行动计划

制订行动计划是对他人施加影响的第一步。在这个阶段，我们要明确以下三点：

（1）你想影响谁？

即你选定的影响对象是谁，他（她）有哪些性格特征，对哪些言语或行为比较敏感，对什么话题更感兴趣等。

（2）你在什么情况下施加影响？

即在双方聊得很愉快的时候施加，还是在发生冲突时施加，抑或是在双方沉默不语时施加等。

（3）你打算怎么施加影响？

即用言语引导、行为暗示，还是用其他什么方式；如何让其他人帮助你完成你的影响计划等。

在制订影响力行动计划时，一定要目的明确，认识到当成功地施加这些影响后会有什么结果，对方以及你自己会有什么变化，比如双方的沟通是否能够有所加强，对方对你的印象是否会有所好转，你是否能更自在地参与交谈等。

2. 与对方的思维同步

什么样的交流是无效的？什么样的沟通对你来说纯粹是浪费时间呢？通常来说，当我们与对方没有共同语言，尤其是对方不想、不愿试着理解、接受我们的观点时，我们会觉得多说无益，不愿再在对方身上浪费口舌，对方同样也不愿再与我们交流。

因此，要对他人有所影响，我们首先要与对方的思维同步，了解对方的想法与感受，用开放性的态度去看待、理解对方的言行。当思维同步时，对方自然就会把你看成自己的"同道中人"，在不知不觉中被你影响。

3. 运用不同的回应方式促进谈话

当他人在沟通中表达了自己的意愿后，他们也希望我们能够给出回应。而我们就可以利用不同的回应方式来向对方施加影响，促进谈话。

常见的回应方式主要有以下四种：

◎鼓励：用言语或行为提升对方的表达意愿。

◎询问：用探索的方式获得更多的信息，多使用提问。

◎反应：做出相应的反应，让对方知道你在听，并完全能够明白对方的意思，比如微笑着点头等。

◎复述：在讨论结束时，复述一下对方的观点，确定没有误解对方的意思。

在不同的沟通环境中，做出相应的反应，对方很可能会跟着你的思路和话题走。也许他本来对这场谈话不抱期待，但是看到你积极的态度或反应，很可能改变自己以往的想法，主动谈论更多、更有价值的话题，而且又不会觉得是受到了你的影响而心生不快。

敲黑板划重点

▶ 你的一言一行都会对他人施加影响。

▶ 扮演对方的"同道中人"，你的影响会更深远。

▶ 用恰当的回应方式施加影响，促进谈话。

与优秀的人交往，交流会更有意义

> 选择与比自己优秀的人交往，我们会将对方作为榜样，努力使自己变得优秀。在与他们交流的过程中，我们会获得更多有价值的信息，拓宽眼界，拓展思维。

很多人都喜欢交朋友，喜欢跟朋友谈人生、谈理想，但受到时间和精力的限制，我们无法和大多数人成为朋友，即使是在自己的小圈子内，我们与他人的交谈也不可能全部深入。因此，将自己有限的时间与精力投入到与优秀的人交往中，时光才不算虚度。

与优秀的人交往，对我们的生活和工作都会产生积极的影响。所谓"近朱者赤"，在与那些优秀的人交流时，我们可以体会对方的思维方式，拓展自己看待问题的角度与深度，谈论的话题也会更有意义。

那么，什么样的人才算优秀的人呢？评判标准是什么呢？一般来说，优秀的人对我们意味着互补性更强、存在竞争关系或者在某方面比我们强。与这些人交往，我们会学到更多。

1. 与价值高的人交流

要判断对方是不是那个"价值高"的人，你可以问自己以下三个问题：

（1）你是否欣赏这个人？

与自己欣赏的人相处，人们会自觉地跟上对方的脚步，学到更多的东西，使自己变得更优秀。虽然是否欣赏一个人是一种直觉感受，但是这种感受背后代表的是对对方能力值的评估。当我们欣赏对方，觉得对方有能力时，我们自然也就更乐意与其进行交流，而不会对其爱答不理。

（2）这个人能否给你带来利益？

这个评判标准看似功利化，却很现实。评价对方会给自己带来什么利益，会给自己提供哪些帮助，这是最直接的一项指标。在当代社会，人们都期待有价值、有意义的沟通，不想将自己的时间和精力都消耗在无意义的浅层交流中。而这个标准会直接帮你做出判断。

（3）这个人是不是某方面的潜力股？

要看一个人是否会成为某方面的潜力股，需要我们对他的发展空间进行评估，关注他身上的优势，挖掘他的独特之处。

因此可以说，他人身上的潜力与价值是吸引我们与其交往、进行沟通的重要因素。

2. 与互补性强的人交流

在与人相处的过程中，互补的两个人往往能发挥出"1+1>2"

的效果。与那些跟自己互补的人沟通交流，你很可能会注意到自己不曾注意的方面，对方也很可能会帮助你弥补疏漏。所谓互补，主要指能力互补、性格互补和角色互补这三个方面。

（1）能力互补

即个人能力相互补充。比如一个人擅长思考，另一个人擅长沟通，那么这两个人就可以合作。虽然两个人擅长的方面不同，但因为能力互补，双方之间往往会进行很多有意义的沟通，使双方都受益匪浅。

（2）性格互补

一般来说，不同性格的人可以形成良性的互补。比如，性格强势的人与性格温和的人沟通时就不容易出现矛盾冲突，双方的交流会更顺畅；性格冲动与性格沉稳的人交流时，由于双方的处事风格不一样，互相之间也会受到一些影响，这种差异恰好可以促进双方交流的深入。

（3）角色互补

即沟通双方所扮演的社会角色相互补充。比如一个企业的规划者与执行者，一条新闻的拟稿者与播报者，货物的供应商与销售者等。双方经过深入的交流，互相帮助，才能合作共赢，共同创造出一个良好的局面。

3. 与竞争对手讨论

在很多武侠剧中，武林高手常常会将自己的对手当成朋友。其实，竞争对手与我们并非仅仅是敌人的关系，即使当不成朋友，我们也可以与他们讨论，让自己变得更优秀。

通常来说，竞争对手对某件事的理解同样会很深入。当我们与他们进行交流时，就很容易发生思想上的碰撞，针对某个话题进行深层次的讨论，从而使整个谈话变得有意义。

选择优秀的沟通对象，从主观层面上来说，我们就愿意与其进行交流，愿意将话题谈得深入、透彻；从客观层面上来说，那些优秀的人会将自己的所思所想表达出来，让我们受益匪浅。

敲 黑 板 划 重 点

- ▶ 与优秀的人交流，会获取更多有价值的信息。
- ▶ 看对方会给自己带来什么样的利益，这是一项重要的社交指标。
- ▶ 与跟自己互补的人沟通交流，能够获得能力、性格、角色上的互补。
- ▶ 竞争对手往往可以与我们进行深层次的沟通。

　　每个人都会逐渐形成自己的沟通习惯，这些习惯可能是好的，也可能是不好的。而那些不好的、糟糕的习惯就很可能成为人们相互之间沟通的陷阱，让沟通变成一种折磨。

　　我们与人沟通的目的可能是获取有用的信息，或者是获得成长，抑或仅仅是打发无聊的时间。但无论目的是什么，与人沟通的方式都值得我们注意，以免自己在不经意间得罪人而不自知。

　　沟通要注重"质"而非"量"，规避沟通中的不良行为，消除沟通过程中的障碍与隔阂，运用沟通技巧，提升对话的品质，你会获得沟通的愉悦感，建立稳固而深厚的人际关系。